システム的に考察する
実践経営の「勘所」

大谷 謙治

学文社

はじめに

　栄枯盛衰は，世の常であり，しかもその変転のスピードは年々速くなっています。称賛・叱責は世の習いであり，しかもその落差は大きくなっています。

　隆盛を極めた企業がその地位を他社にとって代わられることがあれば，弱小と見られていた企業がいつの間にか業界のリーダーに躍り出るといったこともあります。名声を一手に引き受けていた企業が一夜にして世論から鞭打たれることがあれば，目立つことのなかった企業が地道な評価を積み上げて面目を施すといったこともあります。また，時代の変化に抗することができずに努力の甲斐なく敗れ去る企業があれば，時代の潮流に乗ってチャンスをつかみ取る企業もあるでしょう。

　このような差異は，いったい，なぜ，どのようにして生まれるのでしょうか。

「木を見て森を見ず」ということわざがあります。部分にとらわれて，全体を見失ってしまう危険性を指摘したものです。一本の木の背景には森があり，森には多くの動植物や微生物が住んでいるのです。また，たとえ森で暮らす生き物のすべてを知っているとしても，互いの関連性や依存性を知らなければ，全体を本当に理解しているとはいえません。生き物による絶え間のない食物連鎖によって生態のシステム（系）が保たれているのです。さらに，現在の森の

状態をいかに知っているとしても，その歴史を知らなければ，現存する生物の多様性を理解することはできません。過去から現在に至る環境への適応によって，生命の進化の系譜が作られてきたのです。

　企業経営においても，これと似たようなところがあるのではないでしょうか。企業は，様々な要素が有機的につながり合った構造を持ち，固有の目的のために秩序を持って機能を発揮する経済・社会的なシステム（組織体）です。

　その中で，企業を構成する様々な要素は相互に作用し合っています。したがって，それらを部分的に議論するのではなく，より大きな視点から全体的に考察していかねばなりません。また，企業で生じる様々な課題の因果は複雑につながり合っています。したがって，それらをひとつの方向だけから見るのではなく，循環的に捉えて本質的な解決を図っていかねばなりません。そして，企業は，様々に変化する環境の下でその活動を行っています。したがって，それらに静的に対応するのではなく，動的に適応していかねばなりません。

　このように，企業をシステムとして捉え，その経営を全体的，本質的，そして動的なシステム思考に基づいて考察し，実践していくことが大切となるのではないでしょうか。それが普段から普通に行われているかどうかが，企業の栄枯盛衰や，賞賛・叱責を左右する大きな要因となるのではないでしょうか。

　本書では，以上のような考え方に基づいて，実践経営の「勘所」をシステム的に考察してみたいと思います。

　経営に関する書籍は，数多く出版されています。理論書，実務書，

哲学書などに分類されるでしょう。本書は，これらがある意味で重畳した内容になっています。筆者の青年期における工学の研究，その後の企業経営の実践と，大学における実践経営論の教育の経験と，それらを通じて得た知見をベースにしてまとめました。

　現に経営の衝に当たっておられる方々は，それぞれの実践経営に関る経営哲学をすでにお持ちのことでしょう。本書のいくばくかが，それを補強する筋交いの一本にでもなればと願っています。現在，企業の実務で活躍されている皆さんには，日頃の多忙さ故に企業活動の全般に目が行き届かないといった悩みをお持ちの方もおられるでしょう。本書が，これからの自己研鑽の方向性を示すヒントになればと思います。経営論を学んでおられる学生の皆さんは，学習していることがどのように実際の場で役立つのか具体的なイメージが湧かないといった方もおられるのではないでしょうか。本書が，そのような疑問を解消するのに少しでもお役に立つことができればと期待しています。

　なお，本書は大阪経済大学の主催による「大経大講座」（2012年3月）における筆者の講演「経営システムの基本的なメカニズム」をベースとして加筆訂正したものです。関係者の皆さんに大変お世話になりました。また，本書の執筆にあたりましては，大阪経済大学経営学部の二宮正司教授から，数々の貴重なアドバイスをいただきました。そして，学文社の田中千津子社長には，ていねいな校正をいただきました。この場をお借りして，厚く御礼申し上げます。

　2012年11月

著　者

目　次

第1章　システムとシステム思考 …………………………………… 7
　1－1　システムとは ………………………………………………… 9
　1－2　システム思考 ………………………………………………… 12

第2章　経営システム ………………………………………………… 17
　2－1　経営システムとは …………………………………………… 19
　2－2　経営システムとシステム思考 ……………………………… 22

第3章　経営力の主体 ………………………………………………… 29
　3－1　経営資源とその成長 ………………………………………… 31
　3－2　人材と組織構造 ……………………………………………… 34
　3－3　人材と組織風土 ……………………………………………… 40

第4章　経営の目的 …………………………………………………… 47
　4－1　様々な会社の経営ミッション ……………………………… 49
　4－2　ミッションの源泉と相互関連 ……………………………… 53

第5章　経営の責任 …………………………………………………… 59
　5－1　経営責任の仕組み …………………………………………… 61
　5－2　様々な経営の責任 …………………………………………… 65

第6章　経営の方針 …………………………………………………… 75
　6－1　時代背景と経営環境 ………………………………………… 77
　6－2　経営環境と経営戦略の方向性 ……………………………… 83
　6－3　戦略展開のポイント ………………………………………… 90

第7章　経営力の発揮 ………………………………………………… 95

7－1	コンセプトづくり	98
7－2	プロセスのつながり	106
7－3	ポートフォリオ	115

第8章　経営の業績 ……………………………………………………… 119
　　8－1　経営的な業績 ……………………………………………… 121
　　8－2　財務的な業績 ……………………………………………… 123
　　8－3　業績とステークホルダー ………………………………… 130

第9章　まとめ …………………………………………………………… 135

参考文献 …………………………………………………………………… 143
索引 ………………………………………………………………………… 145

第1章 システムとシステム思考

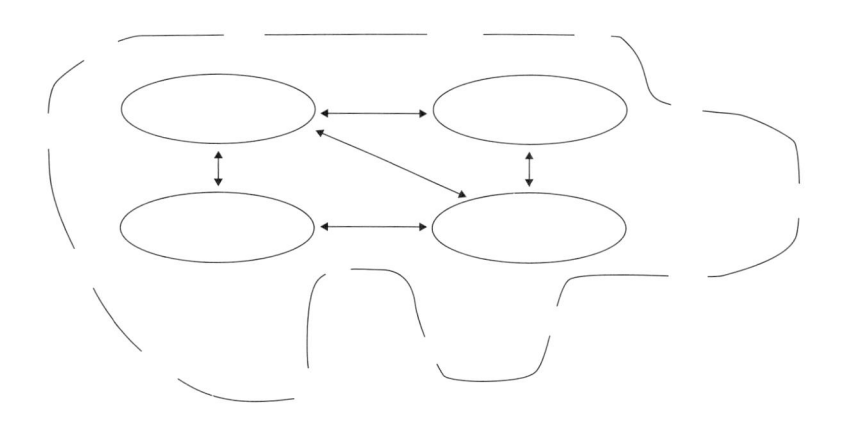

企業とは，様々な環境の下で，経営資源を有効適切に活用して，利潤を適正に獲得していく組織体です。経営資源や，それらが織り成す様々な要素が，有機的に階層的に結合した構造を持っています。
　本書では，このような企業を経済・社会的なシステム（系，組織体）のひとつと捉えてその勘所を押さえるとともに，そのあり方をシステム思考によって考察していきます。まず，本章ではその前段として，システム，およびシステム思考について述べます。

1－1　システムとは

🔳 システムとは

　「システム」は，ギリシャ語の「システィマ」に由来するといわれています。「共に立つ」とか「結合する」という意味です。このような高度な概念が文明発祥の地であり，民主主義国家の先達とされるギリシャで生み出されたことに，「さすがだ」と一種の感慨を覚えます。しかし，近年は国家財政の破綻危機を引き起こしてEU圏内，ひいては世界の国々を経済面で困惑させていることに歴史の皮肉を感じます。
　さて，システムという言葉は色々な場面や対象で使われ，様々に定義されます。日本工業規格（JIS）においては，体系（システム）を「多数の構成要素が有機的な秩序を保ち，同一目的に向かって行動するもの」と定義しています。ここで"有機的"とは，多数の要素が強く連携し相互に作用し合っている様子を表し，"秩序を保ち"とは，一定の規則に従って機能することを意味しています。そして，システムは，ほとんどの場合，境界を通じて外部に開かれており，

情報,エネルギー,または物質を交換し,作用を及ぼし合っています。

これらを加味して,本書では,システムを「つながり合った多数の要素が,ある目的の達成のために,一定の規則に従いながら,変動する外部環境に適応しつつ,有機的に機能するもの」と定義します。図1-1「システムとは」に,これらの関係性を描図してみました。この中の要素は,多くの場合,それ自身がシステム構造を持っています。その場合,それらは元のシステムのサブ(子)システムという階層的な関係として理解されます。

様々なシステム

それではどのようなものがシステムとして扱われるのでしょうか。図1-2「様々なシステム」を参照ください。自然界における生命体,人間の生み出した高度な人工物や,様々な経済・社会的組織体が,それぞれ生命,人工,および社会システムとして考察されています。

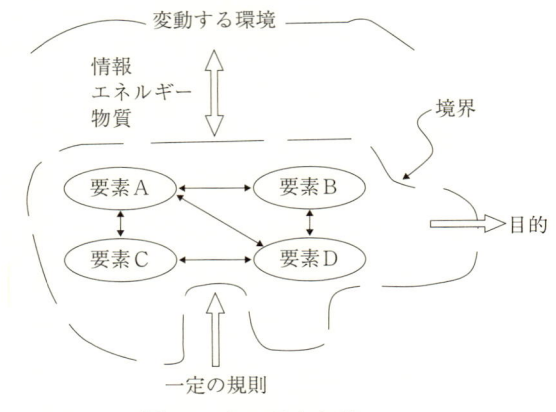

図1-1　システムとは

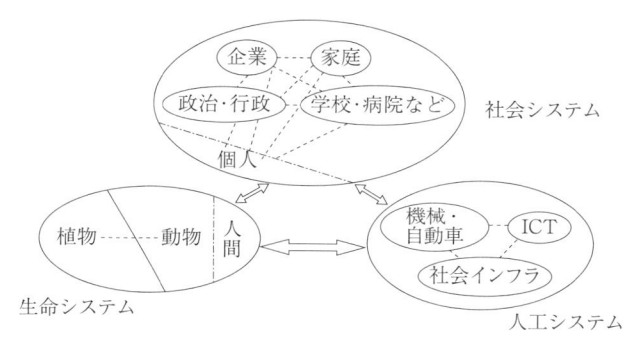

図1-2　様々なシステム

　生命体においては，基本要素としての細胞が寄り集まって器官を形成し，器官の相互作用によってシステムとしての個体を機能させています。たとえば，生命体としての1本の木には，器官としての枝，葉や根があり，根から汲み出した水を用いて葉で光合成をし，作った糖分を茎や根に送り貯蔵しています。その成長と世代の継承のために，与えられた自然環境の下で生命活動を行っているのです。人間をはじめとしたあらゆる動物も，生を全うし子孫を残すという固有の目的を持ち，食物連鎖のルールに従って，自然および社会環境の下で共存・共生しています。また，種の生存と繁栄を目的として，環境の変化に適応し進化しています。

　一方，人間の作ったICT（情報通信技術），自動機械や，自動車などの高度な人工物も，システムとして取り扱われます。電子・電気・機械・ソフトなどの構成要素が有機的に組み合わされて，ツールとして安全に効率的に機能するのです。

　また，様々な経済・社会的組織体，たとえば企業，家庭，政治・行政，学校，病院などにおいては，多くの人々や組織が協働するこ

とによって，それぞれの使命を果しています。経済・社会的な規範に従いながら，変動する環境の下で社会システムとしての活動を行っています。

　以上のとおり，システムというと何か特別なもののように聞こえますが，私たちの身の回りはシステムだらけです。人間は，植物や動物などの生命システムには日常的に接し，スマートフォンや自動車などの人工システムを使いこなし，家庭や企業などの社会システムに帰属し生活しているのです。これらをシステムという概念で捉えることによって，何かしら見えてくるものがあるでしょう。また，このような様々なシステムを，図1-2「様々なシステム」の点線で示すようにつないで，統合システムとして捉えることによって，より大きな視点からものを見ることができるでしょう。

1－2　システム思考

　このようなシステムを正しく理解し，活用し，そして経営していくためのものの考え方はシステム思考と呼ばれます。1950年代に米国のマサチューセッツ工科大学（MIT）でシステム・ダイナミクス（動態性）として確立されました（スターマン『システム思考』東洋経済新報社，2009年）。それまでの近代科学のオーソドックスなスタイルは分析的，還元的な思考であり，たとえば物理や化学で主として用いられているものです。分析的思考が，身体の部位の異常を発見して病気を治癒する西洋医学とすれば，システム思考（包括的思考）は，全身の免疫力などのバランスの乱れを整えて病気を治癒する東洋医学といった関係になるでしょう。

		分析的思考	システム思考	企業経営で必要となる視点
①	部分と全体の関係	要素に分解・分析して理解	要素間の相互作用に注目	全体像でものを考える
②	原因と結果の関係	直線的なつながりで考察	循環的なつながりとして考察	課題を本質的に解決する
③	時間的な変化	静的に把握	動的に把握	中長期的な視点に立って動的に考察する

図1-3　思考方法の対比

　図1-3「思考方法の対比」を参照ください。分析的思考とシステム思考を3つの視点で整理し、企業経営におけるシステム思考の必要性を明らかにします。

部分と全体の関係

　1つ目の論点は、ものごとの理解の仕方です。分析的思考では、対象とする現象をいくつかの部分や要素に分解し、精密に、論理的に分析して、それらの集合として全体を理解します。物体をその要素である素材や分子に分解して、その性質を分析するといった手法です。一方、システム思考においては部分や要素間の相互作用に注目します。したがって、ものごとの理解は、常に全体像を見て大局的に行わなければなりません。要素に分解して分析するといったことはできないのです。

　たとえば、木の場合には、葉、茎、根あるいは花という要素のそれぞれの個別機能ではなく、その間の相互作用に着目して全体を包括的に理解する立場です。

　企業経営においても同様で、一人ひとりの社員の思想や行動様式を理解できても、全体としての組織の意思決定や行動を説明できる

わけではありません。組織や社会の本質は個人の単なる集合ではなく，その相互作用にあるのです。したがって，常に全体像でものを考えなければなりません。

原因と結果の関係

2つ目は，分析的思考では原因と結果の関係（因果）を直線的なつながりで考えるのに対して，システム思考ではそれらを相互に，あるいは循環的に帰還（フィードバック）する有機的なループ（つながり）として考察することです。前者は「風吹けば桶屋が儲かる」式で課題の因果を単純化して考えるのに対して，後者では「蛇が自分のしっぽを飲み込む」ように因果の輪廻でもって課題を捉え，本質的な理解と根本的な解決を図るのが特徴です。

たとえば，緑豊かな草原を動物たちが食べ荒らすと，土壌が劣化し，草木の生産力が低下していきます。その結果，動物たちが生息数を減らせば，再び草原は勢いを取り戻すでしょう。このように，生態系における栄枯盛衰は，互いに循環する因果で結ばれています。

企業経営においても，たとえば社員の仕事への取り組み姿勢が成果を生み，それが適正に評価されると，社員は発奮し，仕事への取り組み姿勢がさらによくなり，ますますよい成果が得られます。反対に，効率の低下は業績を悪化させ，業績の悪化は士気の低下と一層の効率の悪化を招くといった形で悪循環します。このような因果で結ばれた様々な課題は，より大きな構造や風土に立ち返って，本質的に検討し，根本的に解決していかなければなりません。

時間的な変化

3つ目は，分析的思考では全体を静的に把握して細部の複雑さを探究するのに対して，システム思考では全体を時間的に変化する動的なものとして捉えて，その過程を明らかにすることです。

たとえば，生物の進化は，環境の変化に対する動的な適応や，競争回避のための"すみ分け"による種社会の形成と関係づけなければ説明できません。

企業経営においては，世界の政治・経済・社会の変化に対して，どのように適応しているのかが問われます。その優劣によって栄枯盛衰します。したがって，企業経営においては，中長期的な視点に立って，ものごとを動的に考察していかなければなりません。

次章以下で，企業経営をシステムとして捉えて，その構造と機能を明らかにしていきます。そして，その実践における「勘所」をシステム思考によって考察していきます。経営システムを様々な要素間の相互作用，因果のフィードバック関係，および様々に変化する動的なプロセスに着目しながら，それらの関係性を図解によって可視化し，読み解いていきたいと思います。

第2章 経営システム

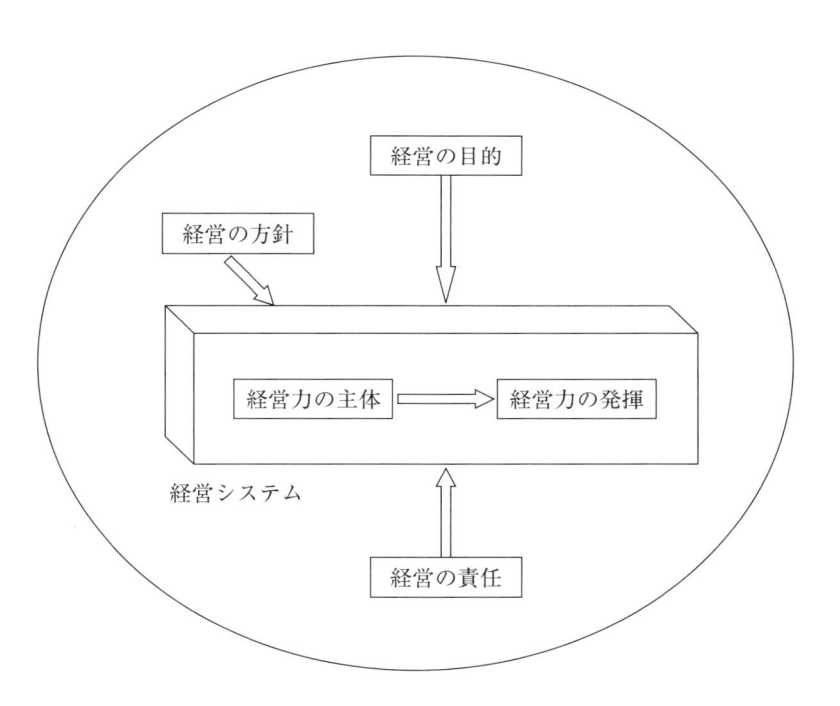

```
            経営の目的
               ↓
  経営の方針
     ↘
  ┌─────────────────────────────┐
  │ 経営力の主体 ⟹ 経営力の発揮 │
  └─────────────────────────────┘
               ↑
            経営の責任
```

経営システム

システムとは,「つながり合った多数の要素が, ある目的の達成のために, 一定の規則に従いながら, 変動する外部環境に適応しつつ, 有機的に機能するもの」です。これを, 企業の経営システムに置き換えると,「経営力の主体が, 固有の経営目的の達成のために, 一定の経営責任を担いながら, 変動する経営環境に適応しつつ, 経営力を発揮して業績を生み出すもの」となります。

　ところで, 会社は場合に応じて, 企業, 法人, 事業などと表現されます。たとえば, "事業"経営や"企業"目的といった具合です。こうした使い分けは, 必ずしも意識的にきちっとなされているとは思えませんが, ニュアンス的にはそれぞれに若干の差があります。

　本章では, まず経営システムの全体像をこれらの用語と対応づけながら考察します。その上で, 実践経営の勘所を確認していきたいと思います。

2−1　経営システムとは

　会社は, よく船に喩えられます。図2-1「経営システムの比喩」は, 船乗りたちが, 船主の見送りを受けながら, 目的地に向けて一定の航路に沿いながら航海している図です。風を受けて帆を張り, 舵を操り, チームワークよく櫂を漕いでいるところです。図2-1を用いながら, 経営システムを概観していきましょう。

　まず,「経営力の主体」となるものは, ヒト, モノ, カネ, ワザ（技術力）, チエ（ノウハウ, 知的財産）などの経営資源とその相互作用であり, "会社"と呼ばれるものです。会社, すなわちカンパニー（Company）の語源は仲間です。仲間が集まって仕事をするの

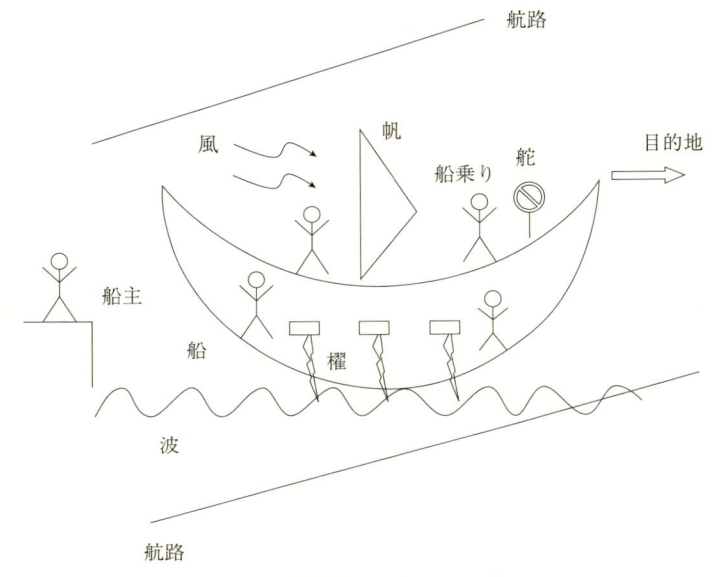

図2-1　経営システムの比喩

が会社です。人材と，人材によって構成される組織が，それらを束ねるリーダーシップの下で力を結集するのです。

会社の起源は1600年のイギリスの東インド会社といわれます。東インドとは，当時，彼らの世界の中心であったヨーロッパから見た辺境の地，インダス川以東のアジア地域を指しています。そこから何か珍重なものを掘り出して通商貿易しようと，船乗りたちが航海に出ようとします。しかし，船乗りは，冒険心こそ旺盛ですが資金を持っていません。一方，金持ちは，船を用意することはできますが冒険を恐れます。そこで両者が手を組んで，会社を設立したわけです。図2-1「経営システムの比喩」に描いた船主と船乗りたちのように，利害関係者（ステークホルダー）としての船主（株主）は，

船長（経営者）らの活躍を期待しつつ出発を見送るのです。

　当然のことですが，経営には目的がなければなりません。「経営の目的」とは，経営者の想いの上に，株主などのステークホルダーからの期待が寄せられたものです。図2-1「経営システムの比喩」で描いた航海の目的地であり，そこで可能となる通商貿易です。英語のエンタプライズ（Enterprise）を辞書で引きますと，「大胆なこと，困難なことをする企て」と書かれており，"企業"という日本語があてられています。「業を企てること」であり，営利を目的として経済活動を行う組織体です。エンタプライズというと，何となく大企業をイメージしますが，必ずしもそういうわけではありません。また，「業を起こす」"起業"も，経営環境やその将来予測によって動機づけられた経営の目的をもって，起業家（アントレプレナー）の手によって行われます。

　一方，会社はステークホルダーに対して，一定の「経営の責任」を負わねばなりません。図2-1「経営システムの比喩」に描いたように，航路を外れると座礁の恐れが生じ，海賊に襲われる危険にさらされますので，注意深く航海しなければなりません。"法人"とは自然人ではありませんが，法の下において人とみなされ権利・義務を付与された主体で，「経営の責任」を持った団体です。法人は，英語（Juridical Person）の直訳ですが，コーポレーション（Corporation）がこれに近い雰囲気を持っています。

　船乗りたちは，航海において，風にさらされ波にもまれます。うまく帆を張り舵を切らねばなりません。会社は，政治・経済・社会といった外部の経営環境がいかに変化しようとも，それに有効に適応し目的を達成していかねばなりません。そのための方策が，"経

営"であり,「経営の方針」です。経営は英語のマネジメント(Management)を訳したものですが,その動詞形であるマネージは「何とか〜する」(manage to〜)といった形で使われます。経営方針の具体的表現である戦略は,経営環境を与件とし,それに何とか適応して経営目的を達成すべく,計画的に立案され,場合によっては創発的(緊急的)に発案されるのです。

航海においては,船長の号令の下,船乗りたちのチームワークによって櫂(かい)が漕がれます。会社においては,事業活動が行われます。"事業"とは,英語のビジネス(Business)に相当する言葉であり,会社という経営力の主体が,戦略に従って「経営力を発揮」して,市場に製品・サービスを供給する行為やプロセスの集合と連鎖です。経営力の主体である会社が,事業としての経営力を発揮して,様々な業績を生みステークホルダーに還元するのです。

総括しますと,経営システムとは「会社という経営力の主体が,企業としての目的を達成するために,法人としての責任を果しながら,様々な環境に適応する経営の方針によって,事業としての経営力を発揮して業績を生み出す」組織体といえるでしょう。

2-2 経営システムとシステム思考

経営システムと,その中で行われるシステム思考について考えます。経営システムにおいては,図2-2「経営システムの基本構造と機能」に示すとおり,ステークホルダーからの投資を受けた経営力の主体が,その中の様々な要素の相互作用によって経営力を発揮します。それによって得られた業績はステークホルダーに還元されま

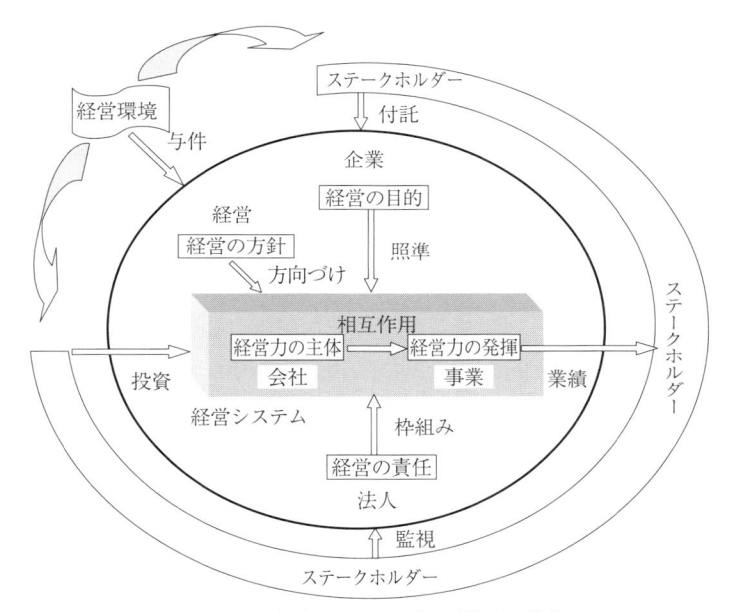

図2-2 経営システムの基本構造と機能

す。このような経営力の発揮は、ステークホルダーから付託された経営の目的に照準を合わせ、ステークホルダーからの監視を受けた経営の責任の枠組みの中で、与件としての経営環境に適応した経営の方針に方向づけられて行われます。

経営力の主体：会社

　経営力の主体とは、経営資源であるヒト、モノ、カネ、そしてヒトの持つワザとチエです。これらの様々な要素の相互作用によって力を発揮するのです。このうち、ステークホルダーからの投資として入力（インプット）されるモノやカネについては財務諸表上に明示されていますが、ヒトは資産として計上されていません。しかし、

ヒトこそワザやチエを生成し，カネを調達し，モノを生産する経営の主人公です。

ところが，ヒトはほとんどの企業においてある意味で大きなコストです。一人あたりの年間人件費は，1億円の機械設備の償却費に匹敵します。1台，20万円のパソコン100台を3〜4年ごとに買い替えできる金額です。ヒトが，機械設備やパソコンと同じ土俵でコスト効率を競えば負けるでしょう。

したがって，ヒトは，「人」にしかできない土俵で活躍しなければなりません。それこそが改善，革新であり，創意工夫です。これらを活性化するための動機づけ，人材育成の仕組み，組織作りとそれらを束ねるリーダーシップの発揮が企業にとって最も大切です。それらによって構成される様々なサブシステムと，それらの相互作用こそが経営システムの根本的な力の源泉です。

経営の目的：企業

経営の目的とは，ステークホルダーから付託された様々な使命（ミッション）を実現することであり，経営システムが目指すべき照準です。企業の理念，綱領やフィロソフィとして，会社の内外に示され，ステークホルダーによって確認されます。

宇宙飛行士は，打ち上げ前の記者会見でミッションを語るのを常としています。いわく，無重力空間での科学実験，シャトルへの人と物資の輸送，宇宙空間における様々な船外活動など，いずれも大変明快です。このように，会社のミッションも社内外の誰にでも分かり易く伝えられるべきでしょう。

その中には，少なくとも業績，および顧客・社会満足が含まれな

ければなりません。近江商人の理念に「三方よし」、すなわち「売り手よし、買い手よし、世間よし」というものがあります。これにあてはめると、業績は「売り手よし」、顧客満足は「買い手よし」、そして社会満足は「世間よし」となります。業績を追求することによって、株主をはじめとする様々なステークホルダー満足と、企業の存続と発展を期すことができます。顧客・社会満足の追求はそれだけにとどまらず、会社の事業活動を支援し、将来の会社の業績に寄与することになります。

　このように、経営の目的においては様々なミッションが循環的につながり合っています。部分にとらわれて、全体像を見失ってはいけません。部分の手を抜いて、全体のバランスを欠かさないようにしなければなりません。

経営の責任：法人

　このような経営目的の追求は、様々なステークホルダーの経済的、社会的、国際的、および環境的価値を守るために、法人としての経営責任の枠組みに従って実行されなければなりません。経営責任が適正に果たされているかどうか、経営力が適切に発揮されているかどうかは、ステークホルダーからの直接・間接の監視を受けることとなります。

　経営の責任には、企業の社会的責任（CSR）、企業統治（ガバナンス）、内部統制（インターナルコントロール）、リスク管理（リスクマネジメント）、法令順守（コンプライアンス）があります。経営の目的である顧客満足や社会満足の前提は、経営の責任であるCSRやコンプライアンスが徹底されることです。適正かつ適切な

業績の追求は,よきガバナンスとその下で機能する内部統制によってこそ可能となります。そして,企業の存続と発展のためには,普段からのリスクマネジメントによる裏づけが必要です。

この点において,経営の目的と経営の責任は,補完的な攻守の関係にあるといえるでしょう。これらが適切に相互作用し合って,はじめてシステムとしての経営がうまく機能するのです。

経営の方針：経営

経営の方針は経営目的を実現するために,経営環境を与件とし戦略として立案されます。それに基づいて,経営力の発揮の仕方が方向づけられます。会社は内外の経営環境によって様々な影響を受けます。その変化に適応し,あるいはそれによって加えられる制約を克服するように,適切に経営戦略を展開していくべきでしょう。日々の出来事ばかりに気をとられるのではなく,中長期の視点から経営環境を考察して,ダイナミック（動的）にそれに適応していかねばなりません。

なお,現状におけるわが国の内外の経営環境についての考察と,それに基づく今後の経営戦略の方向性については後述（第6章「経営の方針」）しますが,戦略は経営力の主体と無関係に立案できるものではありません。後述（第3章2節「人材と組織構造」）しますように,人材力や組織力などとの相性や相互作用が考慮されるべきでしょう。

このようなシステムとしての戦略の動かし方,バランスの取り方が企業経営の最も難しいところであり,マネジメントの手腕の見せ所といえるでしょう。

🔲 経営力の発揮：事業

　経営力の発揮である事業活動とは，様々なプロセスの静態的・無機的な集合ではなく，動態的・有機的なつながりによって行われます。競争戦略で著名なハーバード大学のマイケル・ポーター教授はそれらの一連のプロセスを価値連鎖（バリューチェーン）と呼び，「モノの流れ」に着目して直接的な主活動と支援活動に分けました（ポーター『競争優位の戦略』ダイヤモンド社，1985年）。受注，開発・設計，資材調達，製造，物流，工事や保守などの主活動と，企画，知的財産管理，経理や財務，人事や総務，および一般広報（PR）や投資家に対する広報活動（IR）などの支援活動です。このような様々なプロセスの有機的なつながりにおいては，色々な課題や問題が複雑に循環的に絡み合って生じます。したがって，それらを個別的に見て表層的に対処するのではなく，相互に連関し合う因果を解きほぐした上で，根本的，本質的な解決を目指していかねばなりません。

　このような一連のプロセスを全社的に貫くものとしてマーケティング（売るための全社的な仕組み）とイノベーション（技術革新）があります（第7章1節「コンセプトづくり」で詳述）。社会学者・経営学者のピーター・ドラッカーは，「企業の目的は顧客の創造である。したがって，企業は2つの，そして2つだけの基本的な機能を持つ。それはマーケティングとイノベーションである。マーケティングとイノベーションだけが，成果をもたらす」と述べています（ドラッカー『マネジメント』日経BP社，2008年）。それだけに，これらは，特定の部署やプロセスの仕事というのではなく，経営トップをはじめとして，ある意味ですべての部門，プロセス，および階層が参加

する形で行われるべきでしょう。顧客視点に立ったマーケティング活動と,技術視点に立ったイノベーション活動が互いに連関しながら,新しい市場を創造し,新しい価値を提供していくのです。

業績

これらによって創造し提供される製品・サービスを通じて,最終的な出力(アウトプット)としての業績が生み出されます。世の中には様々な会社があります。その事業対象も製品・サービス,ハードウェア・ソフトウェア,動産・不動産などと多様です。唯一共通しているのは,価値を提供するということです。すなわち,経営力の発揮とは,価値を顧客・社会に届けることであり,それによって業績を上げることです。

得られた業績は,ステークホルダーに対する還元(フィードバック),および事業の拡大・強化のための投資や,将来に備えた蓄積に振り向けられます。このような輪廻をいかにして効果的に回していくかが実践経営における最大の課題です。

次章以下を,上記の項目の順序に従って構成していきます。

第3章 経営力の主体

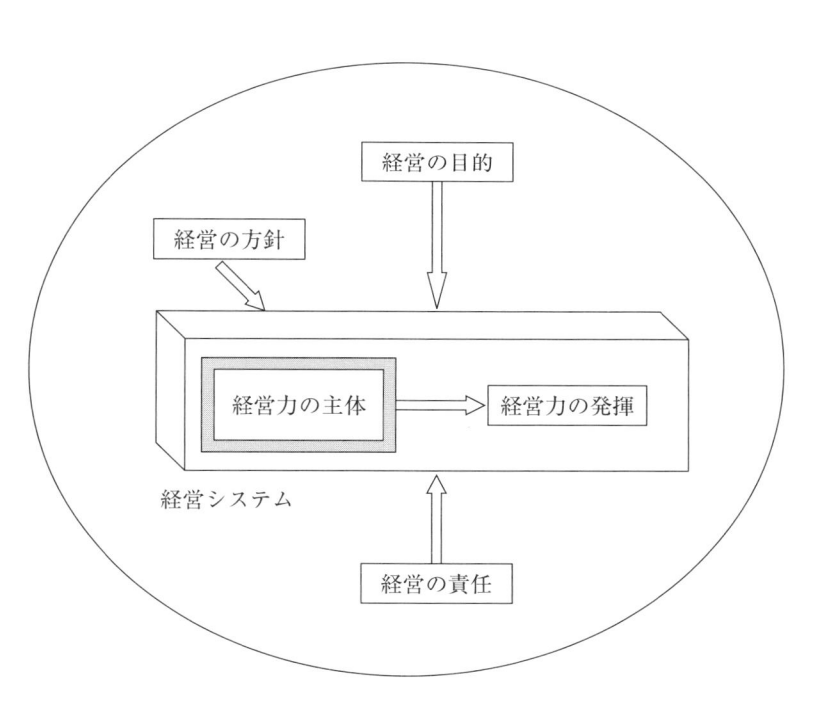

```
         経営の目的
            ↓
  経営の方針
     ↓
  ┌─────────────────────────────┐
  │ ┌──────────┐    ┌──────────┐ │
  │ │経営力の主体│ → │経営力の発揮│ │
  │ └──────────┘    └──────────┘ │
  └─────────────────────────────┘
   経営システム      ↑
                 経営の責任
```

会社の経営力の主体とは，経営資源とそれらの相互作用です。経営力の主体は経営力を発揮することによって成果を生みます。そして，その成果が自身に還元され蓄積されることによって，より高質なものになっていきます。この繰り返しによって，経営システムは成長，発展し，その存続可能性（ゴーイング・コンサーン）が担保されていきます。

　経営資源の中で，ヒトはワザやチエを生成し，カネやモノを調達し，それらをコントロールして経営システムを改善，革新します。したがって，ヒトこそ経営力の主体の中核です。経営システムの成否は，ヒトを活かし成長させていけるかどうかに掛かっています。人材や組織と，それらを束ねるリーダーシップの間の相互作用をうまく機能させなければなりません。

　人材と組織が，それぞれの役割を果し，組織間および階層間でよく連携していくために，よき組織を構築し，適材を適時，適所に配さなければなりません。活性化された組織風土を築き，人材と組織が正しく目的と目標に向き合うようにするために，優れたリーダーシップの発揮が欠かせません。

3−1　経営資源とその成長

　ゴルフ仲間に会社の経営者が何人かいます。そのうちの二人がこんな会話をしていました。A氏「私の自慢は会社を一度も倒産させたことがないことです」，B氏「私の会社は創業以来一度も赤字を出したことがありません」。A氏は「ギャフン」ですが，両氏ともにさすがに立派なものです。わが国は100年以上存続する老舗企

業が世界一多いとのことです（横沢利昌『老舗企業の研究』生産性出版，2000年）。短期の儲けもさることながら，中長期的視点で経営資源を育成していくことの大切さを理解している経営者がそれだけ多いということでしょう。

　ビッグバンによって宇宙は無の世界から，現在，これだけの物質とエネルギーが満ちあふれる世界になりました。ほとんどの企業においても，創業時においては乏しい経営資源でもって始まります。そして，その有効・適切な活用によって，大きな経営力を発揮して成果を生み，それによって経営資源を充実・成長させていくのです。このような経営システムにおける経営力の主体と，経営力の発揮の間で行われる，入力（インプット）と出力（アウトプット），および成果の還元（フィードバック）の関係と，それによる成長の過程を，図3-1「経営力の主体と経営力の発揮」に示します。

　京セラ㈱の稲盛和夫名誉会長は，「人生・仕事の成果＝考え方×熱意×能力」といいます（稲盛和夫『心を高める，経営を伸ばす』PHP文庫，1996年）。すなわち，経営力の主体としての人材は，仕事に対する考え方と熱意（モチベーション）と能力の掛け算によって，よい仕事をし，大きな成果を生み出します。その結果，人材は仕事を通じて能力を磨き，成果の評価という還元を得て一層の熱意

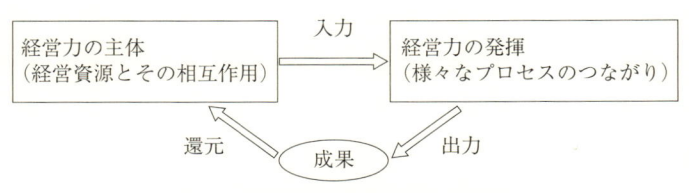

図3-1　経営力の主体と経営力の発揮

を持ち,そしてさらにレベルの高い考え方に立って,新しい仕事に挑戦できます。このようにして,経営資源であるヒト(人材)は成長していきます。

チエ(ノウハウ,知的財産)は経営資源として経営システムに入力され,それにワザ(技術力)が掛け合わされることによって,優れたモノ(製品・サービス)が生み出されます。そこから得られた出力である付加価値(利益)は還元されて,再び新しい開発に投入され,新たなチエが生み出されていきます。このようにして,チエはますます豊かになり,ワザが磨かれ,モノの競争力が高められていきます。

カネ(投資)は借入や社債と組み合わされて経営システムに入力され,新事業やプロセスの開発と拡大や,取得と育成に活用されます。その投資効率によって成果としての利益が出力され,キャッシュフローとして還元されます。このようにして,カネはそれを生かすチエ(ノウハウ)によって,ますます豊かになって企業価値が高められていきます。

優れた経営システムは,このようにしてまるで生き物のように成長していきます。経営力の主体としての経営資源が経営力の発揮としてのプロセスのつながりに入力されますと,その価値増幅機能によって大きな成果が出力され,再び経営力の主体に還元されていくのです。このように,様々な経営資源とその成果は,入力と出力という単純な一方通行ではありません。それぞれが原因となり結果となって増幅しつつ循環することによって,経営システムは成長,発展していくのです。

3-2　人材と組織構造

前述のとおり，経営力の主体は経営資源であるヒト，モノ，カネ，ワザ，チエの中のとりわけヒトです。人材と組織，およびそれらを束ねるリーダーシップの相互作用です。これらの関係性について，図3-2「人材と組織構造」によって考えてみます。

組織のピラミッド構造

組織には通常，職位，職責によるピラミッド構造があります。トップ，ミドル，ロワー（ボトム）に分けて考えてみましょう。これらは単なる権力の上下関係と考えては組織がうまく機能しません。それぞれが違う役割を担い緊密に連携し合っているのです。

トップは経営システムの刷新や構造改革をしなければなりません。戦略としての企業立地を換えたり，経営資源を大幅に組み替えたり，

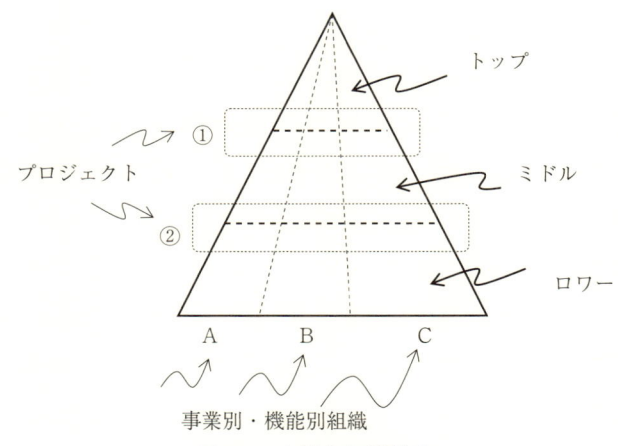

図3-2　人材と組織構造

他社を巻き込んだ組織再編をしたり，自身を含めた人事・組織の大幅な変更をします。そのための強力なリーダーシップと大きな意思決定力が求められます。場合によっては，経営環境を所与のものとして受身に構えるのではなく，それさえも変えるぐらいの能動的なパワーを発揮しなければなりません。

ミドルは様々に変化する経営環境の中で自社や自部門が活躍できる機会（チャンス）を発見して，経営戦略の変更や組織の再編を提言したり，組織を運営したりしなければなりません。トップやロワーとの濃密な意思疎通や，効果的な戦術の率先垂範が求められます。

ロワーは与えられた機会と場において，最大の成果を生み出すための様々な手法を展開し，仕事の効率を追求しなければなりません。自分ひとりの手に負えない場合には，そのための様々な提案をして協働していくことが求められます。

それぞれの役割を忘れて，配慮なくトップがミドルのやり方を非難したり，ロワーの能力不足を公言したりするのは天に唾するようなもので格好はよくありません。ミドルがトップには戦略がないとただ嘆いたり，ロワーに工夫が足りないと愚痴をこぼしたりするのも問題です。それは自身の無能ぶりを証明しているようなものです。ロワーが職責の遂行に一途に邁進するミドルの姿勢を冷やかに傍観したり，トップの方針が見えないと陰口をたたいたりするのも問題の解決には一向に役立ちません。

それぞれが自らの役割を果しつつ，たとえばロワーは様々なアイデアをミドルやトップに上げ，ミドルはトップやロワーとの意思疎通を徹底し，トップは基本方針をミドルとロワーに発信し続けて，組織ピラミッドの階層間の壁を打ち破っていかねばなりません。

筆者は若いころ，アフターファイブで仲間とともに，赤ちょうちんが照らすのれんをしばしばくぐりました。たまには天下国家を論じたりしましたが，大半はたわいない世間話でした。しかし，明るく前向きな談論風発の"ノミニケーション"の中から，様々な課題解決や組織経営のヒントを得ることもできました。最近は，自身が年をとったせいか，あるいは一般的な世間の風潮か，このような機会が減ってきたことを多少は残念に思っています。

　さて，このようなトップ，ミドル，ロワーといった区分は，当然のことながら，固定的なものではありません。最初は，ほとんどの人は組織のピラミッドのロワーの仕事からはじめます。まずは，狭い責任範囲での仕事の効率追求から入ります。そして，経験，能力や成果に応じてミドルに昇進し，果てはトップへと登用されていきます。それとともに，役割が上記のとおり違ってくることに注意しなければなりません。

　プロ野球でも優れた選手が，必ずしもよい監督になるとは限りません。同じように，効率追求に秀でた人材が，必ずしもミドルに必要とされる優れた人間関係能力や環境に対するよきセンサー能力を備えているとは限りません。機会発見に秀でたミドルが，トップとしての立場で胆力と識見を発揮して，構造改革に手腕を振るえるかどうかは分かりません。ある意味で，それらはまったく違った能力であるともいえるでしょう。

　したがって，人材は役割の変化に応じて自ら変わっていかねばなりません。幼虫が殻を破って成虫になっていくのと同じようなプロセスを経なければならないのです。人事・教育のシステムは，このような動的な成長と進化のプロセスを支援していくものでなければ

ならないでしょう。筆者は人材教育において、機会の平等原則を大切にしてきました。一方、幹部候補の選抜教育も積極的に推進してきました。ただし、その人選に当たっては、会社の判断による指名だけではなく、自ら手を挙げる人を優先しました。成長と進化の過程においては、何よりも本人の向上心こそが大切と考えたからです。

様々な組織

　組織は、通常、図3-2「人材と組織構造」に示すとおり、事業別、および機能別ラインに分けられます。たとえばA、B、C事業部やカンパニーという形で括り、その中を設計、製造、販売といった機能に分けて専門性を高めていきます。また、大きな組織においては部課制によってさらに細分化した階層構造を作ります。これらの組織同士を、いかに有機的に連携させていくことができるかが組織経営の勘所です。

　一方、課題の重要度に応じて機能別組織を横断する形でメンバーが集められてプロジェクト（①や②）が結成されます。①はトップ層が入る重量級のプロジェクトで、複数のミドルやその下にある組織が動員されます。事業や商品コンセプトの立案と実現に関り、マーケティングとの連携、原価や利益管理にも責任を持ちます。成功の暁には、これが核になって新たな事業部が作られることもあります。②は軽量級のプロジェクトで、多くの場合は設計や技術の連携を強化するものや、一連のプロセスのつながりの合理化を狙ったものであり、権限と責任が限定されます（三菱総合研究所『標準MOTガイド』日経BP社、2006年）。

　また、人材がライン組織とプロジェクトの両方を兼務する、いわ

ゆる"マトリックス"(縦横の格子状)組織もしばしば採用されます。専門性を大切にしつつ,変動する経営環境に対して即応するための柔軟な仕組みといえるでしょう。ただし,この場合はワンマンワンボス(直属上司はただ一人)の組織原則から外れますので,その欠陥をうまくマネージしなければなりません。

これらの様々な組織形態は,人材,組織,およびリーダーシップの相互作用がうまく機能するように,経営目的や目標,および戦略やスパン・オブ・コントロール(管理できる範囲)に応じて臨機応変に選択されます。人を処遇するために組織を複雑にいじるのではなく,次に述べますように経営戦略の推進にふさわしい組織づくりのために,適材を適所,適時に配することが大切です。

組織と戦略

このような経営力の主体と戦略との関係性について,歴史学者であり経営史で著名なアルフレッド・チャンドラーは「組織は戦略に従う」という命題を導きました(チャンドラー『経営戦略と組織』実業之日本社,1967年)。経営管理の体制,すなわち組織は,戦略の方向に沿って構成されるべきであるということです。事業の統合,分散,あるいは拡大,縮小といった選択,プロセスの内部化,外部化,あるいはグローバル化,ローカル化といった方策,そして新しい技術の開発や新しい事業の展開といった戦略に応じて,ふさわしい組織を作らなければなりません。また,課題や戦略遂行の緊急性に応じて,プロジェクトなどによる機動的な組織を作らなければならない場合もあるでしょう。

逆に,戦略経営論の創始者とされるイゴール・アンゾフは,戦略

的な成功の要因のひとつは,「企業能力の対応性が, その戦略の積極性に等しいことである」といいます（アンゾフ『戦略経営の実践原理』ダイヤモンド社, 1994年)。現実の企業能力からあまりかけ離れた戦略をとると, 足元が危うくなり失敗するリスクが高まるということです。つまるところ,「戦略は経営資源に従う」, そして「戦略は組織に従う」のです。

たとえば, 人材力も組織力もないのに多店舗展開して運営に窮するといったことがあります。かつて, プラザ合意後の円高時には, 製鉄会社が余剰人員の受け皿として, 半導体などの異業種に次々と参入して失敗しました。経営資源としてのヒトもカネもありましたが, ワザやチエが不足していたのです。また, 第二次世界大戦時, 日本軍は当初の戦闘力こそ旺盛でしたが, それを発揮し続けて勝利に導くだけのカネ（資金力）やモノ（物資の供給力）を持っていませんでした。

もちろん, 場合によっては, ある程度の背伸び（ストレッチ）をして, まず積極的な戦略を展開し, 後から経営資源を整備し, 組織力を強化していくといったこともあり得ます。そのような逆落としの発想で成功する例は数多くあります。しかし, それも程度問題ということでしょう。

このように, 戦略と企業能力, すなわち経営資源や組織力とは相互依存する, 不即不離の関係にあります。経営の方針としての戦略と, 経営力の主体である経営資源, とりわけ人材力や組織力との整合性の良し悪しが, 経営システム全体の成否を大きく左右するのです。

3-3　人材と組織風土

人材と組織，およびそれらを束ねるリーダーシップの相互作用が有効に機能するかどうかは，企業の組織風土に大きく関っています。組織の風土に求められることは，組織のメンバー間のコミュニケーションがしっかりと行われること，各人のモチベーションが高く保たれること，組織目標に合致した自律的な判断と行動が的確に行われることです。このような組織の風土はリーダーの人格とリーダーシップの良し悪しに大きく依存します。

図3-3「人材と組織風土」は，組織あるいは集団を，横軸に人材の活性度，縦軸に組織目標の明確性をとって分類したものです。

慣例重視型

組織目標が曖昧で経営の方向性が示されないまま，人材が不活性

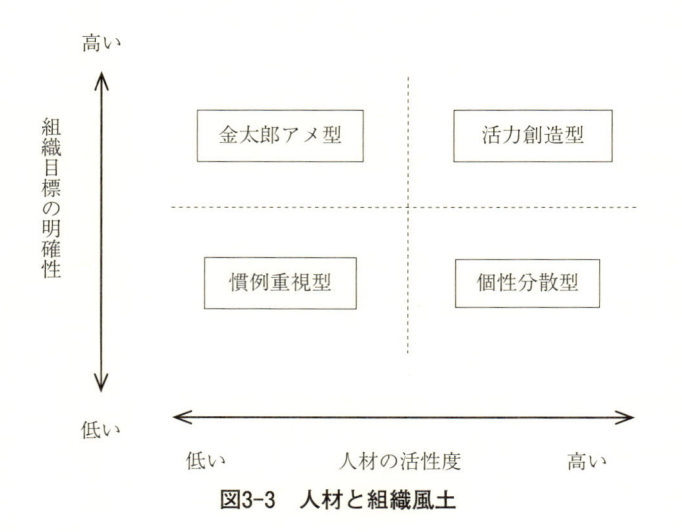

図3-3　人材と組織風土

な状態に置かれますと、まるで風船のように風にまかせて漂います。何事においても慣例を踏襲する事なかれ主義に陥ります。外部から改革の提案が出されても、必ず「従来からそうしていた」あるいは「ルールでそうなっている」との回答がなされて、よほどのことがない限り検討されません。組織はいわば、慣例重視型集団となって成長、発展の希望がありません。

かつて、官営の巨大企業であった国鉄や電電公社の経営は、だれもリスクを取ろうとしない責任回避の集団となって、経営は非効率でした。親方日の丸とも揶揄された慣例重視型組織となっていたのでしょう。両社は、分割・民営化という荒療治によって蘇ったのです。

金太郎アメ型

組織目標は明確であっても、管理が行きすぎて人材が不活性になると、いわば金太郎アメ型集団となります。どこを切っても同じ顔が出ますので、ある意味で実務は効率的に進行しますが、組織全体が息苦しくなり新しい発想の展開が望めません。目標やその戦略がたまたま環境とマッチしている間はうまく機能し業績を上げることができますが、環境の変化に目が行き届かず取り残される心配があります。また、近年、しばしばパワーハラスメント(上司による部下いじめ)が報じられますが、このような組織がその温床になっているのではないでしょうか。

潜在力を秘めた有為の人材の活性度を高めるために、QCサークルやプロジェクト活動など、様々なボトムアップの仕掛けづくりが必要となるでしょう。

🏳 個性分散型

人材は活性化されていても、自由放任が行き過ぎて組織目標の方向感が明確でないと、人材はそれぞれの個性を発揮できますが組織としてはバラバラに動くことになってしまいます。このようないわば、個性分散型集団では、折角の蓄積された組織の知恵を活かすことができず、十分な組織力を発揮することができません。一流の個性的な人材ばかり集めても、必ずしもそれに見合う成果を残すとは限りません。それを一定の方向に仕向ける優れたリーダーシップの存在が欠かせません。

国立大学が法人化され、裁量権が国から大学に大幅に移譲されました。それぞれの大学の機能、目的・目標を明確にして、その確実な実現を目指し、社会からの付託に応えられるようにしようとしたものです。ややもすれば、個性分散になりがちな優れた頭脳集団が、法人化によって、それにふさわしい成果を生み出すことが期待されるところです。

🏳 活力創造型

組織と人材が適切に相互作用し合うのが、いわば活力創造集団です。そこでは、明確な組織目標の下で、活性化された人材が組織人として目的と目標を共有しつつ、その実現に邁進します。人材は自己実現を目指して闊達に優れた個性を発揮します。個人としてのコミットメント（責任を伴う約束）を達成するために、組織内で活発に連携・協働します。一方、組織は市場の新たな兆候に適応すべく優れた組織戦略を展開します。組織目標を達成するために、人材を惹きつけ動機づけします。このようにして、人材と組織はプラスの

相互作用をし合って、成果を生み出しつつ成長、発展していくのです。

ソニーの創業者である井深大氏の葬儀で、かつて在籍していた江崎玲於奈氏が弔辞を述べました。その中で同氏は入社した当時（1956年）の企業文化を、「組織化された混沌」と表現しました。「技術者は自由奔放に仕事を進め、混沌としておりながら、会社全体としては、目標が明確でよく秩序が保たれておりました」（日本経済新聞、2012年6月3日）と振り返っています。まさに、活力創造型集団を地でいっていたのだと思います。

このような組織風土づくりのためには、人材の活性度と組織目標の明確性の関係をよくわきまえた適切なリーダーシップが欠かせません。また、有効な組織づくり、権限委譲による人材育成（エンパワーメント）、多様性（ダイバーシティ）の確保や、公正・公平・透明な評価・報償など、人事システムの役割も重要です。情報を適宜適切に共有し、方向性を確認できる情報・通信システムの活用も大切でしょう。

社員一人ひとりの問題行動はしばしば組織の風土に根本原因が潜んでいます。ひとつの組織の問題点は往々にして会社全体の風土に根ざしています。人材や組織行動において、何らかの問題が発見されるとすれば、関連するより大きな枠組みの中でそれを捉えて、組織構造の全体を包む組織風土の観点から大きな見直しを図っていかねばならないでしょう。

リーダーシップ

フランス革命後のヒーローであり、自ら皇帝として君臨したナポ

レオンは「一頭のライオンが率いる百匹の羊は，一匹の羊が率いる百頭のライオンより強い」といったそうです。敢えて分類すれば，前者は金太郎アメ型で後者は個性分散型になるでしょう。筆者も若いころ，上司がそれを引用するのを聞いたことがありますが，当時は少し反発を覚えました。

弱い兵卒を率いて今から出陣する部隊長を激励する言葉であったとすれば，なかなか良い比喩であると思います。しかし，自分こそが一頭のライオンであり，部隊長以下を羊になぞらえて自らの存在の大きさを誇示する意味であったとすれば問題です。私たちが目指すべきは一頭のライオンが率いる百頭のライオンです。前述した活力創造型の組織です。アップルを率いたジョブズはまさにこの一頭のライオンであったのではないでしょうか。ジョブズに率いられたアップルはまさにこの百頭のライオンで満ちているのではないでしょうか。同社は2011年8月に並みいる世界企業をおさえて株式時価総額で世界一になりました。

リーダーシップの本質は，権力の誇示ではなく，活性化された組織風土を築き，人材と組織を自ら主導した組織目的と目標の方向に向かわせるところにあります。そのために，トップリーダーには，高い人間性，人間関係能力，メッセージの発信力，および合理的な意思決定能力が求められます。また，組織の精神的支柱として，高い志と理念の体現が期待されます。もちろん，それだけでは必ずしも組織をまとめきれませんが，逆にそれを持たないリーダーシップというものは存在しないでしょう。

トップリーダーの一挙手一挙動は社員から絶えず注視されていますが，社員の生の声や真の想いはなかなか聞き取り難いものです。

有能な補佐役たちは，いつの間にかトップの取り巻きとなり，社員との間の厚い壁になっていきます。良いニュースは素早く伝えられますが，悪いニュースは隠されがちです。また，組織が大きくなって社員の人数が増えてきますと，社員の顔と名前が一致しなくなり，少しずつ遠い存在となっていきます。したがって，トップリーダーは常日頃から公正・公平で率直な情報の発信に努めるとともに，社員をはじめとしたステークホルダーの声に謙虚に忍耐強く耳を傾けるよう心掛けなければなりません。社内外に開かれた経営システムの構築を目指すとともに，そのパイプ役を自ら演じていかねばならないのです。

　筆者は，現役当時，国内外の支店や生産拠点を頻繁に訪問し，普段はあまり顔を合わすことのない社員らと対話を重ねるとともに，重要顧客を表敬訪問して直接ご意見を拝聴しました。当日のみならず，事前の情報収集，および事後の新しい情報の整理と処理に相当のパワーを要しましたが，社内外とのオープンなパイプ役として，それをはるかに上回る成果が得られました。

　大昔，元近畿日本鉄道社長の佐伯勇さんから，「独裁はするが，独断はしない」，「衆議独裁だ」とのお話を伺い，当時は，"衆議衆裁"の方がベターではと，少し違和感を持ちました。ところが，筆者自身も役員会や幹部会をリードする立場になった時，できるだけ活発な衆議を心掛けましたが，重要案件の最終決定は，結局は多数決ではなく独裁することとなりました。自らが最終責任を持つ形で，まさに衆議独裁をしていたことになりますが，肝心なことは関係者に対してその結論の由って立つところをしっかりと説明し，納得を得て，一致団結を図ることであると，ようやく得心しています。ま

た,「一を聞いて十を知る」ことはなかなか難しいことですが,「一を聞いて十の疑問を持つ」ことはできると思います。リーダーは,衆議の中から洩れ出た小さな問題を幅広く捉えて,大きな解決を目指さねばなりません。リーダーには,組織の中で活発な衆議を起こすとともに,それを最大限に活かすことが求められるのです。

第4章 経営の目的

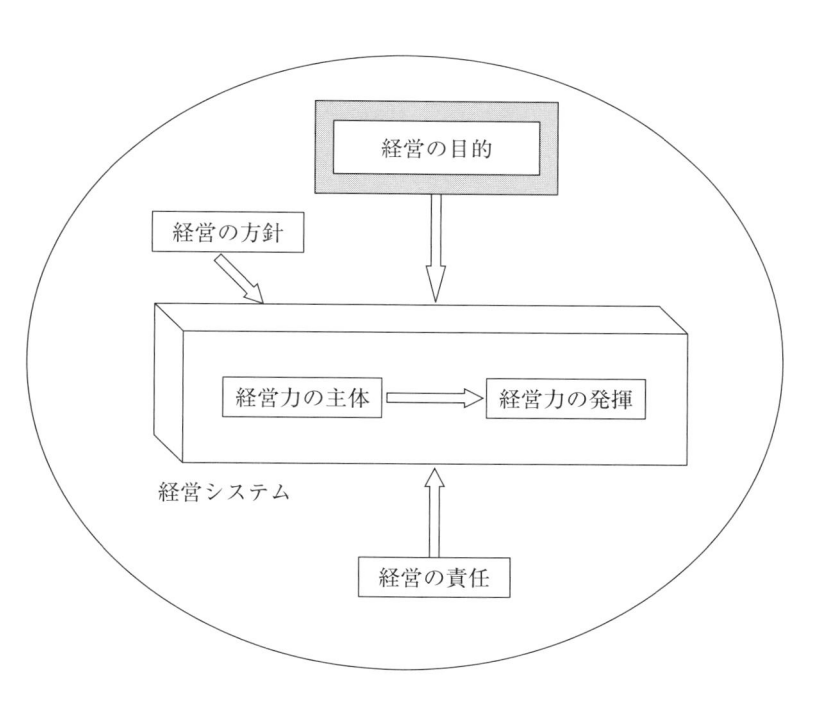

```
          ┌──────────┐
          │  経営の目的  │
          └─────┬────┘
                ↓
 ┌────────┐
 │ 経営の方針 │
 └───┬────┘
     ↓
 ┌─────────────────────────────┐
 │  経営力の主体 ──→ 経営力の発揮  │
 └─────────────────────────────┘
経営システム
                ↑
          ┌──────────┐
          │  経営の責任  │
          └──────────┘
```

経営システムには，当然のことですが，固有の目的がなければなりません。経営の目的とは，端的にいえば，業績の追求と，成長，発展を通じて，ステークホルダー満足のための様々な使命（ミッション）を達成することであり，その過程におけるあるべき姿（ビジョン）を実現することです。

　ミッションとしての業績には，財務諸表上には直接的に表現されない経営的な業績と，財務諸表に表される財務的な業績とがあります。それらによって，企業の存続と発展を期さねばなりません。

　もうひとつのミッションである顧客・社会満足や，株主をはじめとする様々なステークホルダー満足は，よい製品・サービスの提供に加えて，社会や自然環境に対する経営姿勢と，業績の還元（配分）によって追求されます。顧客・社会満足やステークホルダー満足は，累積されると現在および将来の業績に反映されることになって，結果として企業の存続と発展に寄与します。

　様々なステークホルダーに適切・公平に配慮したミッションを，内外にメッセージとして発信し，ステークホルダーからのよき理解と支持を得ることによって，はじめて経営システムとして有効に機能でき，社会システムのよき一員としての役割を果せるのです。

　経営目標としてのビジョンは，ミッションの下で描かれ語られます。歴代のトップの想いであり，社員をはじめとするステークホルダーの夢と希望としての将来のあるべき姿です。

4－1　様々な会社の経営ミッション

　代表的企業のミッションを，公表されているホームページから拾

い出して見ましょう。

まず、トヨタ自動車㈱のミッションを簡潔にまとめ直しますと次のとおりです。

1. 国際社会から信頼される企業市民
2. 各国、各地域に根ざした企業活動で経済・社会の発展に貢献
3. 企業活動を通じた住みよい地球と豊かな社会づくりへの取組
4. 世界中の顧客に応える魅力あふれる商品・サービスの提供
5. 個人の創造力とチームワークの強みを発揮できる企業風土づくり
6. グローバルで革新的な経営と社会との調和ある成長
7. 取引先との長期的な成長と共存共栄

「物づくりは人づくり」という考えで人材育成に取り組みつつ、「世界一良いものを、世界一早く、世界一安くつくる」を目指しています。わが国のモノづくりの代表企業として、さすがによく行き届いたメッセージであると感じます。

一方、米国のGM社はリーマンショック時の経営破綻後、わずか2年の2010年に再上場を果し、販売台数で世界の首位に返り咲きました。新生GM社は顧客、従業員、協力会社、ならびにその他ステークホルダー向けに5つのコミットメントをしています。

1. 安全と品質第一主義
2. 顧客との長期の信頼関係づくり
3. 技術革新による競争力の獲得
4. 株主のための長期の投資価値向上
5. 仕事や奉仕活動を通じた世界での貢献

です。第3項で過去の反省に立ってコスト構造の改善などによる競

争力の獲得を宣言するとともに，第4，5項でしっかりと株主価値の大切さと社会奉仕の精神を押さえているのが米国流であると感じます。

ベンツを擁するドイツの自動車メーカーのダイムラー社は，
1．安全で長持ちする自動車づくり
2．顧客視点に立った企業活動
を戦略の柱とし，会社のゴールとして，「持続的な成長とグループの企業価値向上を目指し，ビジネス・リーダーとなるべく努める」と表明しています。"安全で長持ち"は，いかにもベンツらしいと思います。欧州企業の雄として，長期のビジネスの成功と，社会と環境との調和による持続性のコンセプトをあげているのが印象的です。

パナソニック㈱は，その綱領（理念）として，1929年の創業期より，「産業人たるの本分に徹し，社会生活の改善と向上を図り，世界の文化の進展に寄与せんことを期す」と謳っています。創業者である松下幸之助のリーダーシップの下で，会社の使命は生産・販売活動を通じて社会生活と世界文化の向上と発展に貢献することであると明記しています。約80年も前に，今もって輝きを失わない経営ミッションを定めていることに感銘します。

アップルのミッション・ステートメントは大ヒット商品の基本コンセプトを淡々と述べたものであり，一般の企業のように社員やステークホルダーに向けたコミットメントといったものではありません。むしろ，社員，ステークホルダー，ならびに熱烈なアップルファンには，早世したジョブズ自身の生き方や考え方そのものがアップルのミッションであり，アップルのビジネスモデルと商品のある

べき姿として理解されています。すなわち，ユーザーが驚くような新しいモノやサービスを作り，広める先駆者であり続けるとの価値観です。このような革新性をどのようにして継続していくかが今後の課題です。

サムスンの創業者は，「事業報国」「人材第一」「合理追求」の3つを理念と誓いとして掲げました。第1項には，韓国の近代化の黎明期（1938年）に創業した会社らしい心意気を感じます。現会長の李健熙氏に引き継がれて以降，創業の理念を発展させた新たな企業理念として「人材と技術をもとに，最高の製品とサービスを創り出し，人類社会に貢献する」を制定しました。今や，家電，情報機器分野で数多くの世界ナンバーワン商品を育てています。

中国のレノボはIBMのパソコン事業を買収して，一躍その名を世界に轟かせました。グループの経営ビジョンとして，「テクノロジー・カンパニーとして，常に最高の利用体験をもたらす製品・サービスを提供し，ワークスタイルの変革によって，お客様の成功と豊かな社会の実現に貢献する」としています。社会的計画経済を進める中国の企業として，豊かな社会の実現を使命として標榜し，政府との良好な関係の維持に努めています。そして，強力なリーダーシップと，社員に対する魅力的なインセンティブで急速な発展と成長を続けているのです。

本田技研工業㈱には，Hondaフィロソフィがあります。モノづくりのあるべき姿を，単純明快に，「三つの喜び（買う喜び，売る喜び，創る喜び）」と謳っています。

古くは，江戸時代末の呉服店，高島屋の創立者は店是として，「確実なる品を廉価にて販売し，"自他"の利益を図るべし」を掲げま

した（矢野誠，日本経済新聞「やさしい経済学」2012年6月29日）。今も，200年近い長寿企業として繁栄を続けています。

　筆者はフジテック㈱の総合企画担当の副社長時代に，経営理念と経営人事理念を定めて内外に公表しました。そして，経営理念「人と技術と商品を大切にして，新しい時代にふさわしい美しい都市機能を，世界の国々で世界の人々とともに創ります」を，朝礼時に全社員で唱和することとしました。社長，会長時代には，足掛け10年，隔週で，時事問題を織り込みながら，この理念を様々な角度から捉えたトップメッセージを全社員に送り続けました。社員がミッションに対する理解を深めるのに，若干の資するところがあったのではと思っています。また，何よりも筆者自身が自らの経営者としてのミッションを再確認する上で随分と役立ちました。

　各企業とも，ステークホルダーから向けられた"まなざし"をしっかりと受け止めたミッションを様々な形で語り継ぎ，社会に向けた約束として発信しています。それによってステークホルダーと価値観を共有し，共感を得て，そして協働することができるのでしょう。ミッション達成に向けた真摯な努力と行動によって，はじめて存続・発展すべき企業として，社会と世界から認知されるのです。

4－2　ミッションの源泉と相互関連

ミッションの源泉

　図4-1「ミッションの源泉と相互関連」の左端は，このような経営ミッションを達成するための源泉です。国や地域，業種や業態によってその表現は異なりますが，まずよき製品・サービスによる顧

```
                              裏づけ
        ② 企業の ←─────────────────┐
          存続と発展               │
    担保 ↑     反映 ↑              │
    ╱累積╲    ╱累積╲              │
   ┌──────────┐  ┌──────────────┐ │
   │ 財務的業績│  │ ④ 株主満足   │ │
   │ ①        │→ │   国・自治体満足│←┤
   │ 経営的業績│還元│ 金融機関満足 │←┘
   └──────────┘  │   サプライヤ満足│
     ↓ 貢献      │   社員満足    │
   顧客満足       └──────────────┘
   ③ 社会満足
```

(入力：製品／サービス／人間尊重／環境保全／社会貢献／国際貢献)

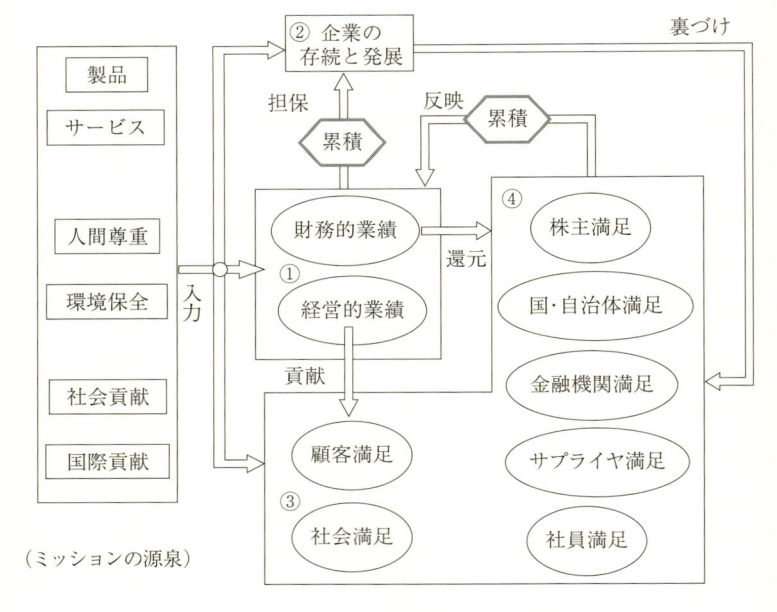

（ミッションの源泉）　　　　　（ミッションの相互関連）

図4-1　ミッションの源泉と相互関連

客や社会に対する貢献です。この"よき"に込められた機能的価値，および意味的価値（こだわりや自己表現）と，そのために発揮される独創が競争力の源泉となり企業の盛衰を決するのです。

　公正・公平・透明を旨とする人間尊重もしばしば謳われます。社員，ならびにステークホルダー全体に向けた基本的な経営姿勢が問われるところです。また，エネルギー源の制約や地球資源の枯渇が，喫緊の課題となってきました。地球環境に対する負荷の軽減による環境保全は，私たち現世代人の努めです。

　そして，企業の社会的責任（CSR）に対する意識の高まりや，グローバル化の流れの中で，社会貢献や国際貢献の大切さが強調され

るべきでしょう。世間から非難されないようにという専守の姿勢だけではなく、積極的、能動的な貢献によって、社会から評価をいただき、それを事業に活かすという戦略的な姿勢が求められます。

🔲 ミッションの相互関連

　図4-1「ミッションの源泉と相互関連」の右側に、前述のミッションの源泉が入力されることによって、達成されるべきいくつかのミッションと、それらの相互関連を示します。

　ミッションには、①業績、②企業の存続と発展、③顧客・社会満足、および④その他の様々なステークホルダー満足があり、図示のとおり相互に関連しあっています。

　ミッションのまず第1は業績を上げることです。業績には経営的な業績と財務的な業績とがあります。経営的な業績とは、たとえば人材が育っているか、競争力のある新事業・製品・サービスの開発が進んでいるか、ブランド価値が高まったか、組織やプロセスが高度化したか、知的財産は充実したか、技術力はどうかなどです。今後、財務的な業績となって表れるはずですが、現時点の財務諸表から直接的には読み取り難いものです。第8章1節「経営的な業績」で再述します。

　一方、財務的な業績とは、端的にいえば、損益計算書（P/L）、貸借対照表（B/S）、キャッシュフロー計算書（C/F）、株主資本等変動計算書（S/S）です。それぞれの詳細は第8章2節「財務的な業績」で説明いたします。

　ミッションの2つ目は企業の存続と発展です。企業は線香花火のように短期的な成功で満足するわけにはいきません。業績をあげ、

それを年々累積していくことによって，企業の存続と発展を担保することが大切です。ひるがえって，それが様々なステークホルダー満足の裏づけとなり，後述しますように業績に反映されていくのです。

3つ目は顧客満足と社会満足です。よい性能，品質，機能を持った製品・サービスを合理的な価格で，タイムリーに提供することによって顧客に満足をいただくことです。また，そのような製品・サービスを社会に提供することによって人々の生活レベルを上げ，社会インフラに資することによって社会の文化レベルを上げることです。

このような顧客・社会満足には，人材やブランドといった経営的業績が有形，無形に貢献することでしょう。加えて，図4-1中のミッションの源泉にある人間尊重，環境保全，社会貢献，および国際貢献も，顧客満足と社会満足に直接的に，あるいは間接的に関係することはいうまでもありません。

4つ目は業績の中の財務的業績をステークホルダーに対して必要十分に還元することです。株主には，配当の支払いとともに，株価を高めるという形で株主から預かっている資本に対するお返しをします。国・自治体には，経営活動に関る様々な社会基盤（インフラ）を提供いただいていることに対して，納税という形の貢献をします。金融機関には，借りた資金に対する利子を支払い，元本を返済する義務があります。材料，部品の供給者（サプライヤ）とは，共存共栄を図るべく，必要に応じて技術指導や経営協力を行い，発注量を安定成長させることが期待されます。社員には労働の提供に対して賃金，賞与や，その他の便益（ベネフィット）で報いるので

す。これらの関係性は，第8章3節「業績とステークホルダー」でも説明します。

　このようにして，ステークホルダーの満足を得て，それが累積されていきますと，それは将来のさらなる業績の向上に反映されていきます。満足した顧客は常連客（リピーター）となり，その知人，友人たちから顧客層の広がりを作れるでしょう。よい評判は，やがて広範な世評となるでしょう。株主，金融機関やサプライヤは，会社のサポーターとなり，企業の業績に様々な形で貢献するでしょう。たとえば，カゴメ㈱の株主はほとんどが個人で，株式を長期保有するのみならず，ファン株主として同社の商品を一般顧客の10倍も購入しているとのことです（『日経ビジネス』2012年6月4日）。

　図4-1に記載したもの以外では，ステークホルダーとしてのメディアには正しい情報の迅速な開示，国際社会には公正，公平な取引やそれぞれの国の法令の順守や慣習に対する理解，研究機関との積極的な協働（コラボレーション），学校との教育や採用に関する相互協力，地域社会との様々な関りなどがあり，それぞれに対してふさわしい貢献が求められます。

　「経営の目的」が社会の様々なステークホルダーと色々な形で緊密に連関し合っていることを確認するとともに，経営の目的に含まれる様々なミッションが，原因となり結果となって互いにつながり合っていることに注意したいと思います。したがって，いずれも手を抜いてはなりませんし，バランスを欠いてもいけません。

経営ビジョン

このようなミッションの下で、社員を含めたステークホルダーを鼓舞するビジョンが掲げられます。たとえば、5年後、10年後には店数を何軒にしたい、シェアーを30％にまで高めたい、あるいは売上1兆円、利益率10％を達成するなど、経営の目的であるミッションを実現するための達成すべき目に見える目標です。将来の会社の"あるべき姿"、"なりたい姿"です。

哲学者のアランは、著書の「幸福論」で、「悲観主義は気分によるものであり、楽観主義は意志によるものである」といいます。経営の予想には、様々な要因による高位（楽観）、中位、および低位（悲観）のシナリオを考慮して、それらに備えなければなりません。しかし、経営の意志としてのビジョンには、ベストの努力をすれば可能となるであろう高位の数字や姿が設定されるべきでしょう。

第5章 経営の責任

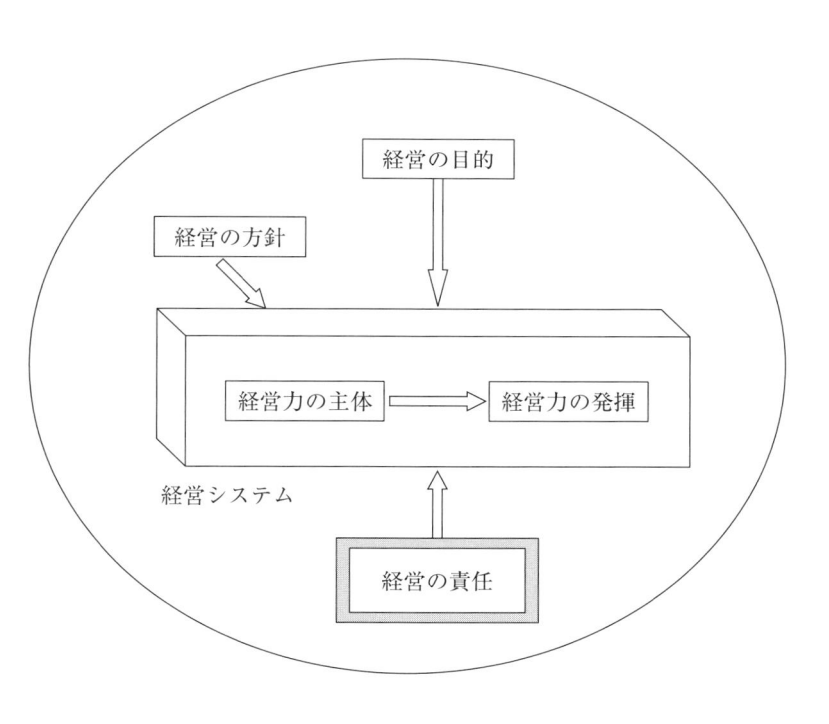

```
           経営の目的
              ↓
  経営の方針
     ↘
   ┌─────────────────────────┐
   │ 経営力の主体 ⟹ 経営力の発揮 │
   └─────────────────────────┘
  経営システム     ↑
              ┌────────┐
              │ 経営の責任 │
              └────────┘
```

経営目的の追求には一定の経営責任が伴います。法人としての経営の責任とは，社会的，経営的な規範を守ることです。

　近江商人の家訓に，「商人の使命は万物の有無を通じて，万人の用を弁ずるにある。いたずらに私欲に走ると，本末を誤り神の御心に違い，身を破る」とあります。彼らは，社会のためという高い公徳心と強い使命感を持っていました。

　すなわち，会社は"私的な利器"として様々なステークホルダー満足を通じて会社の所有者たる株主の利益を最大化するとともに，"社会の公器"として社会システム全体，ステークホルダー全体の利益を守るために公正・公平・透明な企業行動に徹しなければなりません。

　また，会社は天災，人災による様々なリスクにさらされていますし，敢えてリスクを取りにいかねばならない時もあります。したがって，それらを事前に統制（コントロール）したり，顕在化した場合の被害を許容可能な範囲内に抑えたりするためのリスク管理が求められます。

5－1　経営責任の仕組み

　第2章2節「経営システムとシステム思考」において，経営の責任を並列的に5つあげました。すなわち，企業の社会的責任（CSR），企業統治（ガバナンス），リスク管理（リスクマネジメント），内部統制（インターナルコントロール），法令順守（コンプライアンス）です。ただし，CSRは後述しますように，これらすべてを包含する経営責任の全体を指す意味で使われることもあります。

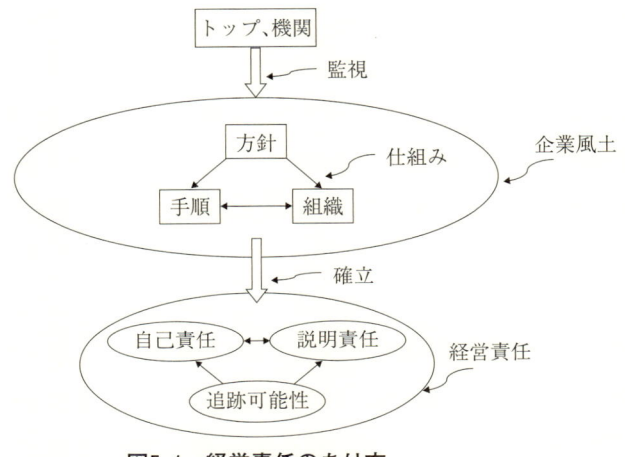

図5-1　経営責任のあり方

　これら経営責任の基本的な仕組みや考え方は，図5-1「経営責任のあり方」に示すとおりです。それぞれの仕組みは，"方針"と，それに基づいた"手順"および"組織"からなりますが，経営責任に対するよき企業風土の中ではじめて機能することを忘れてはなりません。そして，これらは企業トップや機関によって適切に監視（モニター）されなければなりません。このようにして，経営責任としての自己責任と説明責任を，万一の場合の追跡可能性による担保とともに確立していくのです。

仕組みと風土

　方針にはトップマネジメントの責任を伴った約束（コミットメント）と基本的な行動指針が盛り込まれ，社内，および必要に応じて社外に公表されます。近年は，各企業がインターネットを利用してホームページ上に掲載する例が増えました。たとえば，2011年，巨

額の損失隠しで揺れた光学機器メーカーのO社は、新しいガバナンスの仕組みについて、その基本方針を次のとおり臨時株主総会で公表しました。すなわち、執行と監督の明確な分離、執行機関に対する監督機関の権限・機能強化、社外取締役および監査役の選定の公正性確保、およびその役割・機能の拡大、そして積極的な情報開示です。

そのような方針に沿った具体的な手順は基準化、マニュアル化、システム化され、それに則して実施されます。また、そのための組織が固定的、あるいは臨時的に設けられます。経営責任の仕組みが全社、全社員に徹底されて、それが適宜・適切に実行されるように支援するのです。

そして、これらが有効・適切に実行されているか、効果的に機能しているかを、トップ、取締役会などの経営機関、あるいは第三者委員会などが日常的・非日常的、あるいは定期的・不定期的にモニターし、問題が発見されれば必要な是正措置をとります。

ハインリッヒの法則によれば、ひとつの重大事故の背後には29の軽微な事故があり、その背景には300のヒヤリ・ハット（異常）があるといいます。また、マーフィの法則は、「起こり得ることは、必ず起こる」「しかも、最も起こってほしくないときに限って起こる」、そして「それは忘れた頃にやってくる」と戒めています。平穏無事のときにこそ油断をしないで、PDCA（計画-実行-評価-改善）のサイクルに従って経営責任の仕組みを管理し、改善していくことが大切です。たとえいかに小さな問題でも、またいかに偶然に起こったように見えたとしても、関連する大きな枠組みの中でそれを捉えて大きな見直しを図っていかねばならないでしょう。

ただし,真の目的意識なしにいたずらに管理体制を重層化させて経営と業務の有効的・効率的な実践を阻害してはなりません。経営責任の仕組みは,管理のための管理によるのではなく,よき企業風土によってこそ機能するのです。したがって,トップマネジメントは正しい価値観を社内に繰り返し明確に示さなければなりません。自ら法的責任,経営責任,管理責任,社会的責任,そして道義的責任に対する強い意識を持って,風通しのよい企業風土を作るように心掛けることが大切でしょう。

経営責任

このような経営責任の仕組みと風土の下,自己責任(レスポンシビリティ),説明責任(アカウンタビリティ),およびそれらを担保するための追跡可能性(トレーサビリティ)が確立されます。

ここでレスポンシビリティとは,経営者が株主,債権者,顧客(消費者)や社員などの直接的なステークホルダーに対して負う結果的な責任です。アカウンタビリティとは,マスメディア,行政や一般社会を含めたより広範囲のステークホルダーに対して結果およびプロセスを説明する責任です。トレーサビリティとは,問題が発生した場合にプロセスを遡って真の原因を究明できるようにしておくことです。

問題が発生さえしなければ,結果オーライで,何もしなくてよいというわけではありません。また,会社の名声は長い時間をかけて築かれていくものですが,仮にも経営の責任を問われる事態が発生すると,折角の世評も一瞬のうちに地に落ちてしまいます。普段から,経営責任の仕組みが機能している状況を積極的に社内外に開示

し，その評価を得て仕組みの妥当性を客観的に確認し，その質を高めていくべきでしょう。そして，万一の事態が発生すれば，原因究明と対策，再発防止策の立案，および顧客・社会に対する謝罪，社内処分を可及的速やかに実施し，社内外に公表しなければなりません。意図的な隠蔽や報告の遅延は問題を一層大きくしてしまい，会社の存続さえ危うくします。事実をできるだけ分かりやすく正直に伝えなければなりません。顧客・社会からは起こった事実とともに，その後の会社の対応が問われます。迅速に，かつ何よりも誠実に対応していかねばなりません。

　筆者もかつて様々な問題に直面しました。材料規格の取り間違いや，製品の故障などで顧客や社会に大きなご心配とご迷惑を掛けました。社員のご家族や関係の皆様にも大変つらい思いをさせてしまいました。その折に自らの心の支えになったのは，今，お客様第一で誠実に対応できているかどうか，普段からお客様第一で真面目な努力をしてきたかどうかを自らに問いかけて，「不細工」ではあったが，「恥じない」と思えたことでした。総出で必死の対応に当たってくれた社員の想いも，おそらく同様であったろうと推察します。

5－2　様々な経営の責任

　図5-2「様々な経営の責任」によって，社会的責任，企業統治，リスク管理，内部統制，法令順守のそれぞれのあり方と相互の関係性について考え，経営責任の理解を深めたいと思います。なお，図中に関連する責任として，企業倫理と，公害・企業災害の予防を加えました。

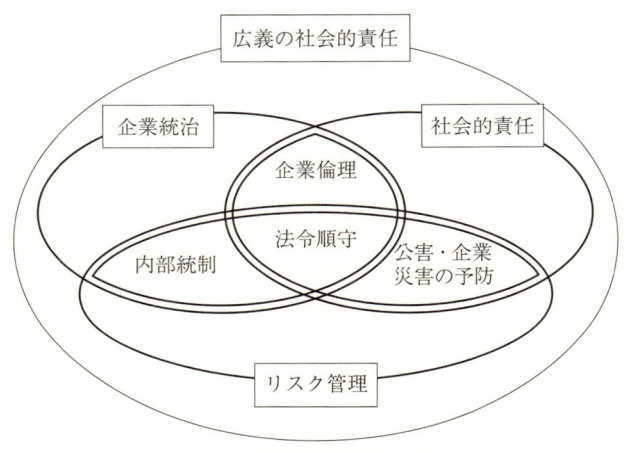

図5-2 様々な経営の責任

　大きな３つの輪は，社会的責任，企業統治，およびリスク管理です。そして，企業統治とリスク管理が重なったところに，内部統制の課題があります。社会的責任とリスク管理の問題が重複した場合に，公害・企業災害が発生します。社会的責任と企業統治の双方に問題があれば，企業倫理が問われます。そして，３つの輪が重なると，法令順守にもとる問題が生じることとなります。別の見方をすれば，内部統制と企業倫理，あるいは公害・企業災害と企業倫理の２つに問題が重なれば，法令違反が問われる事態になります。

社会的責任

　社会的責任（CSR）は市民，地域，社会に対する責任の遂行であり，貢献です。人権・労働関係，地球環境対策，雇用創出，および適切な情報開示も含まれます。地球環境問題は第６章１節「時代背景と経営環境」で詳述します。

企業には単にお金で代替できる貢献だけではなく，社会と価値観を共有して，事業戦略を社会の動きと結びつけ，社会問題の解決を事業戦略の一環として扱う，いわば戦略的な CSR が求められています。企業単独あるいは団体で，スキル，人脈，および専門知識を提供することによって，企業市民としての社会的責任の一端を担うとともに，持続可能な競争上の地位を得るのです。節電対策や地球温暖化対策，教育への貢献，場合によっては政府の政策立案への提言活動などが含まれるでしょう。

企業統治

　企業統治（ガバナンス）とは，経営と監査のバランスをとること，経営者の一人合点による暴走を阻止することです。会社のリスクを低減し企業価値を守るための経営と監査の仕組みです。その基本には，会社のミッションに対して真摯に向き合う経営者の態度と，市場と顧客からのホットな情報を活かして事業を強化し，製品・サービスの価値向上を図る企業風土がなければなりません。

　製紙会社の D 社の元会長による無節操な会社からの借入は，個人の問題として片づけられません。親・子会社の関係，入出金に関る決裁の仕組み，監査のあり方など広範な問題を含んでいます。O 社の元役員の巨額損失隠しなどは，今，ガバナンスの切り札とも考えられている社外取締役，社外監査役，および会計監査人の役割の見直しと，経営責任の実効的な仕組みの確立とモニターの強化を迫っています。

　ステークホルダー間の利害の調整も，ガバナンスの重要な役割です。時として，株主，債権者，および社員の間の利害が対立するこ

とがあります。そうした場合の利害関係を適切に調整し、ボトムラインとしての企業価値を最大化しなければなりません。

ちなみに、2011年11月に、プロ野球の球団代表が、本社であるY新聞の代表を相手取って、不当に球団人事に介入したとして"コンプライアンス上の重大案件"と申し立てましたが、表現にはやや違和感がありました。何かあるとすれば、これはガバナンスの問題ということになるでしょう。

🄻 リスク管理

リスク管理（リスクマネジメント）の第一は、経営判断や経営プロセスのミスを防止することであり、その被害を許容範囲内に限定することです。このような企業価値の毀損（きそん）を回避するための守りのリスクマネジメントがある一方、リスクとリターンの関係を最適化して企業価値の向上を図るための攻めのリスクマネジメントがあります。すなわち、リスクマネジメントは必ずしも経営のブレーキとなるのではなく、合理的、積極的な戦略判断のためのアクセルともなるのです。このようなリスクマネジメントのためには、様々なバイアス（偏りや先入観）から過度に影響を受けないようにしなければなりません。楽観に過ぎる景況感に踊らされたり、あるいは悲観に過ぎる観測に引っ張られたりしないことです。思い込みで情報・データを収集したり、物真似で安易に意思決定したりして、経営を傾けることのないよう冷静沈着に判断しなければなりません。

プロセスの事故、欠陥やシステム障害、およびそれによる製品の品質問題を予防することも重要です。万一、そのような事態が発生した場合は、早期に公表し、根本対策をして、ステークホルダーに

迷惑をかけないように心掛けねばなりません。大きく速くリスクの芽を摘み取ることが肝要です。

サイバーテロによる情報通信システムの混乱や，ウィキリークスによる機密の漏洩など，情報リスクのマネジメントは，今や国家的，世界的規模の課題といえるでしょう。筆者の会社においても，情報の不適切な取り扱いによって，仕事に支障をきたしたり社会やステークホルダーに迷惑を掛けたりしないように，組織の規律と情報管理には注意を払ってきました。特に，基幹システムは，それなりのコストを払って，できるだけ自前で構築してきました。幸い，これまでは外部からの不規則な侵入や，外部への不用意な流出を抑えることができてきたように思います。しかし，油断は禁物です。情報通信システムにおいては，有効性と危険性が隣り合わせにあることを自覚しながら，今後ともうまく付き合っていかねばなりません。

わが国においては，自然災害（地震，津波，洪水や火災）が多発します。加えて，企業活動はグローバルに拡がっています。人災も含めて，様々な災害リスクが増加しています。それらに対して想像力を働かせ，しっかりとした事業継続計画（BCP）を普段から準備しておくことがリスクマネジメントの上で必須です。この点については，第7章2節「プロセスのつながり」で再述します。

内部統制

内部統制（インターナルコントロール）は，ガバナンスとリスクマネジメントの双方に関る経営の責任です。ガバナンスとしてのトップの積極的な関与の下で，経営プロセスやシステムにおけるミスや不正によって株主価値を毀損したり，投資家に誤ったメッセージ

を送ったりするリスクを防止するものです。そのために，経営者が社員と組織を統制（コントロール）する仕組みです。内部統制によって，適切なリスクマネジメントの下，法令を順守し，会社の資産を保全し，そして財務報告の信頼性を担保するとともに，業務の有効性，効率性を高めるのです。

会社法は，内部統制として「業務の適正を確保するための体制」の構築を大会社および関連会社に求めています。また，金融商品取引法は金融・資本市場の利用者の保護を目的として，上場企業のトップに対し，「内部統制報告書」を作成することを義務づけました。企業会計のミスや不正に対処するために制定されたものであり，投資家保護のための財務報告プロセスの厳格化と規制の法制化を目的としています。2011年，上場企業のうち，35社が内部統制ミスを自主申告しました。O社事件以降に見直しが行われて急増したとのことです。

いずれにせよ，内部統制は，業務の適正を担保するための手段であって目的ではありません。人件費や経費がかかります。勘所を押さえずにいたずらに管理業務を重層化，細分化させて，内部統制の目的の重要な部分である業務の有効性，効率性を阻害することのないように注意が必要です。

🔲 企業倫理

企業倫理にもとる事態は，ガバナンスがあまり十分ではない状態でCSRの企業風土に問題がある場合に発生します。K電力が，停止中であった原子力発電の再開の是非を討論する公開の場に社員や下請け企業の社員を多数集めて賛成意見を出させたり，やらせメー

ルを投稿させたりして、マスメディアからの糾弾を受けました。自らの主張をしっかりと伝えたいとの意欲は分かりますが、それが行き過ぎて世論を自らの有利な方向に意図的に誘導しようとするものであったとすれば、コンプライアンス違反とまではいえないものの企業倫理の上では許されません。場合によっては、コンプライアンス以上に追及されることがあることを肝に銘じなければなりません。

🏠 公害や企業災害の予防

　社会的責任の意識が十分ではない状態で、リスク管理に抜けがあると、公害や企業災害が引き起こされます。その予防のためには、よき企業市民として地域社会に配慮するとともに、リスクマネジメントによって"想定外"のことが発生することのないように事前管理することが大切です。

🏠 法令順守

　法令順守（コンプライアンス）とは、事業活動に際して関連する様々な法令や社内ルールを順守するとともに、企業市民、国際市民としての倫理・社会規範に従って、公正・公平・透明な経営を行うことです。戦略的な CSR が企業に対する加点を求めるミッションのひとつとすれば、コンプライアンスは減点を防止するための内部統制の基本です。

　コンプライアンス上の問題は、ガバナンスが効かない、社会的責任の意識が薄い、そしてリスクに対する備えが弱い場合に起こります。粉飾決算、インサイダー取引（会社の重要事実が公表される前に、それを知り得た内部者が有価証券の売買で利益を得ること）、

脱税，食品に関する偽装・不当表示，強度偽装，談合，許認可にまつわる不正，事故の隠蔽，違法な雇用など，枚挙に暇がありません。これらは刑事事件として刑罰に処せられます。

建設機械の最大手企業である㈱小松製作所は，各工場からの月次報告書のトップを「バッドニュース」と決め，特にコンプライアンスに関るものを一番先に書くように指導徹底しているとのことです（『日経ビジネス』2012年6月11日）。

社会的責任の国際規格

CSR は，ISO-26000（社会的責任に関する手引き）として2010年11月に国際規格化されました。主要な課題として，コンプライアンス・企業倫理，ガバナンス，人権・労働関係，リスクマネジメント，安全・安心，高品質，地球環境対策，および情報開示があげられています。すなわち，ISO（国際標準化機構）においては，図5-2「様々な経営の責任」の大円で示すように，CSR は経営責任の全般をカバーする概念として広義に位置づけられているのです。

しかし，CSR の要求レベルは国の社会，文化，歴史や，法制度の違いによって随分と異なりますし，その範囲は必ずしも固定的なものではなく時代とともに変化していきます。したがって，ISO-26000は ISO-9000（品質マネジメントシステム）のような命令や強制（shall と表現された要求事項）ではなく，助言や推奨（should と表現された手引き）になっています。そのため，その認証機関もありません。

したがって，各企業においてはこれをベースにして，具体的な目標を主体的に設定して，その達成に向けて能動的に努力する姿勢が

求められます。また，時代の変化に合わせて，そのレベルを進化させていかねばなりません。経営の責任としての広義のCSRの追求は，経営の目的の遂行に対して大きなプラス効果をもたらすはずです。CSRは社員の意識を変え，企業文化を変えるでしょう。それによって，よい世評を得て，よい人材が集まり，結果として企業価値が高まるでしょう。ここにおいて，CSRは法人としての経営の責任から，企業としての経営の目的へと昇華されるのです。

第6章 経営の方針

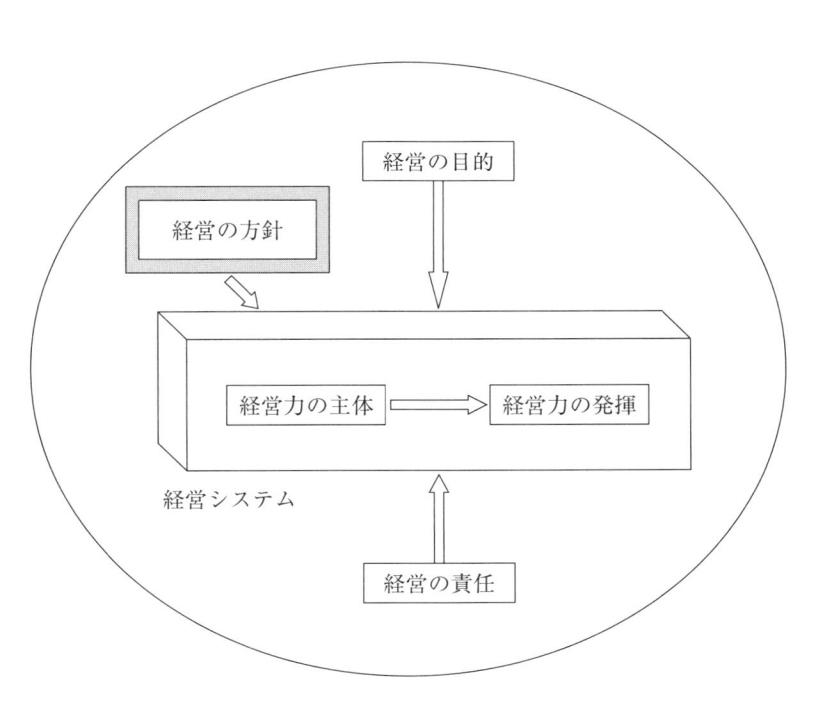

```
            経営の目的
               │
               ▼
  ┌─────────┐
  │ 経営の方針 │
  └─────────┘
       │
       ▼
  ┌──────────────────────────────┐
  │  経営力の主体 ──▶ 経営力の発揮  │
  └──────────────────────────────┘
                    ▲
  経営システム        │
                 経営の責任
```

企業目的を実現するための経営の方針，すなわち経営戦略の方向性を，国内外の時代背景と，それから派生する経営環境に即して考察します。

　国内，および国際の政治・経済・社会の状況は年々歳々，時々刻々と変動しています。そのような中で，日常の業務ばかりに埋没していると，大きな流れから取り残されます。会社は，その事業活動を，変動する経営環境に対して，動的（ダイナミック）に適応させていかねばなりません。

　そのために，経営戦略の立案においては，中長期的な視点に立って経営環境にふさわしい事業ドメイン（領域）を探索したり，無用になったドメインを捨てたりしなければなりません。また，ドメインの拡大・縮小，あるいは移動といったこともあるでしょう。その上で，どのようにして経営資源の重点化と補強を図るのか，いかにして製品・サービスおよびプロセスを差別化し，競争力を強化するのかといったことを検討するのです。

6－1　時代背景と経営環境

　前・東京大学総長の小宮山宏氏は，多くの難題を抱えるわが国は"課題先進国"であり，その解決の手段を自ら創出することによって，"課題解決先進国"になるべきであると提唱しています（小宮山宏『「課題先進国」日本―キャッチアップからフロントランナーへ』中央公論新社，2007年）。

　企業が置かれた状況も同様でしょう。様々な課題が横たわる経営環境の下で，その解決に貢献することによって，それぞれの存在価

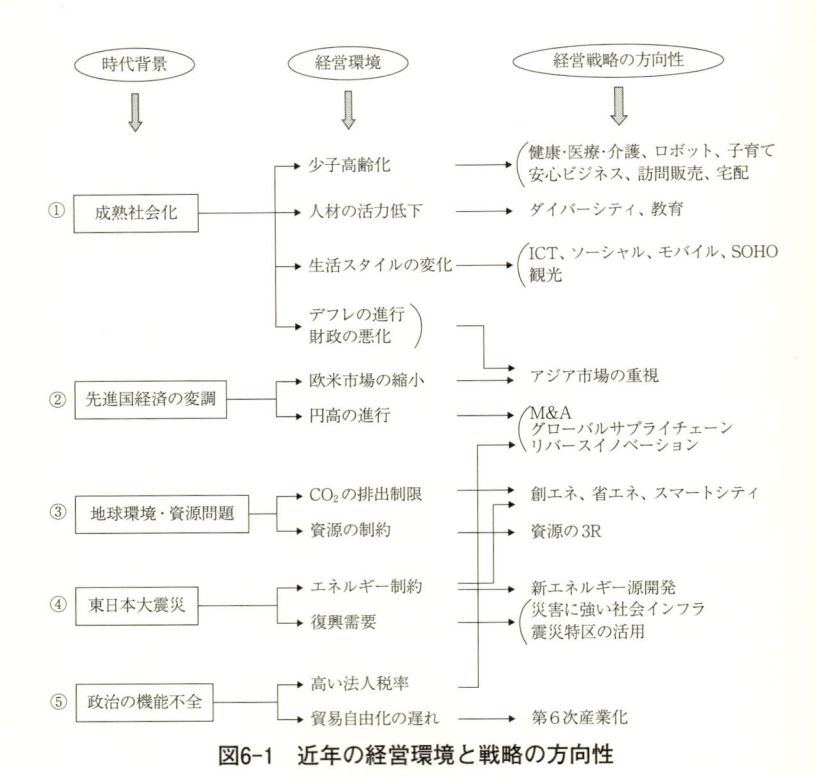

```
  時代背景              経営環境                   経営戦略の方向性
    ↓                    ↓                          ↓

①  成熟社会化  ──→  少子高齢化     ──→  ／健康・医療・介護、ロボット、子育て
                                          ＼安心ビジネス、訪問販売、宅配
              ──→  人材の活力低下  ──→  ダイバーシティ、教育
              ──→  生活スタイルの変化 ──→ ／ICT、ソーシャル、モバイル、SOHO
                                          ＼観光
              ──→ ／デフレの進行＼
                   ＼財政の悪化 ／
                                       ──→  アジア市場の重視
②  先進国経済の変調 ──→ 欧米市場の縮小
                   ──→ 円高の進行      ──→ ／M&A
                                           ｜グローバルサプライチェーン
                                           ＼リバースイノベーション

③  地球環境・資源問題 ──→ CO₂の排出制限 ──→ 創エネ、省エネ、スマートシティ
                    ──→ 資源の制約    ──→ 資源の3R

④  東日本大震災  ──→ エネルギー制約  ──→ 新エネルギー源開発
               ──→ 復興需要        ──→ ／災害に強い社会インフラ
                                        ＼震災特区の活用

⑤  政治の機能不全 ──→ 高い法人税率
                 ──→ 貿易自由化の遅れ ──→ 第6次産業化
```

図6-1 近年の経営環境と戦略の方向性

値を主張していかねばなりません。まず、わが国を取り巻く時代背景を総括し、そこから派生する経営環境を考察してみましょう。図6-1「近年の経営環境と戦略の方向性」の左欄に時代背景、中欄に経営環境を示し、その因果関係を矢印で表しています。以下、時代背景を図の上から順に追っていきましょう。

成熟社会化

1つ目は、わが国が、現在、成熟社会化ともいうべき状況にある

ことです。その表れとして、少子高齢化が進んでいます。2011年の合計特殊出生率（一人の女性が生涯に産む子供の数）は1.39人でした。夫婦二人でこの数字ですから、一人当たり0.7人弱となります。それでもこれまでは平均寿命が伸びていましたので、人口が急に減少することはありませんでした。しかし、医学がいかに進歩したとしても、人間の寿命はいずれ頭打ちになるでしょう。そこからは世代が変わるごとに上記の倍率で縮小していくことになります。1世代を30年としますと500年も経てば16世代を数えます。仮に0.7を16回も掛けますと、0.0033になります。約1億2,700万人（2012年）にそれを乗じますと約40万人となり、ほぼ縄文から弥生に移る時代の人口と同じ位の数になります。現実にそんなことは起こらないと念じますが、現在の出生率はそれほどまでに異常な低さなのです。

わが国の人口は2005年に頂点に達し、以降は減少し始めました。労働人口は、20世紀末からその過程に入っています。それに伴って、人材が不足し活力も低下してきました。社会全体の停滞と衰退につながる恐れなしとはいえません。人材の活力を取り戻す施策が求められています。

人々の生活スタイルも、物質的な拡大と充足を追求するものから、精神的な安定と充実を志向するものへと変容してきました。人と人のつながりや、知識の獲得や交換が大切とされるようになりました。

それに伴って、需給ギャップが大きくなりデフレが進行しています。政府・日銀は金融政策の一環として、インフレ目標の設定に踏み切りましたが、1990年代半ばからはじまった長期のデフレからの脱却はそう簡単ではありません。本来であれば、需要喚起のための財政投融資が行われるところですが、すでに日本の財政は極めて深

刻な状態になっており、容易には景気の刺激策を取り難くなっています。

ご承知のように、民間貯蓄超過－財政赤字＝経常収支（外国から稼ぐお金）です。近年、財政赤字は40～50兆円と巨額です。それを民間貯蓄超過でカバーしていますが、ついに2011年には経常収支の黒字が10兆円を割りました。経常収支は貿易収支と所得収支に分けられますが、そのうちの貿易収支は東日本大震災や原油高の影響もあって、31年ぶりの赤字となり、それを何とか所得収支の黒字で支えた形です。財政は、経常収支と連動して年々悪化しているのです。

先進国経済の変調

2つ目は、米国や欧州など先進国経済が変調をきたしていることです。欧州の通貨危機や米国の政府債務問題は一過性の現象ではありません。金融に偏った市場経済はカジノ資本主義と揶揄されますが、その行き過ぎによって実体経済が弱体化しています。その結果、市場が縮小し、直接的に、あるいは中国などを経由して間接的に欧米に輸出している企業の売上が低下しています。

加えて、米国のドルと欧州のユーロの信用度が低下し、相対的に円が高い水準で評価されています。欧米市場の縮小との相乗作用で企業収益が悪化しています。

地球環境・資源問題

3つ目は、地球環境・資源問題です。地球温暖化の元凶とされる二酸化炭素は大気中に3兆トン蓄積されています。その中で、動物が呼吸によって発生させた二酸化炭素は、植物が光合成によって吸

収し、ほぼ相殺しています。問題は地下から掘り出した炭素資源である石炭，石油やガスを燃やして発生させている二酸化炭素です。年間，120億トンが新たに大気中に蓄積されています。その結果，気候変動に関する政府間パネル：IPCC第4次評価報告（2007年）によると，地球の平均気温はこの100年で0.74度上がりました。このままでいけば，次の100年でさらに数度上がると予想されています。近年の自然災害の巨大化や頻発化は一時的な現象ではなく，今後も続くのではと心配されます。実はその反論もあります。人類は歴史上，氷期と間氷期を約10万年周期で繰り返し経験しています。その間，気温は5～10度変わっています。したがって，多少温度が変わったとしても対応できるのではないかというものです。しかし，10万年という長い周期で5～10度変わるのと，100年～200年で数度変わるのとではスピードが違います。これに私たち人類や多様な生物が耐えられるかどうか，という問題になっているわけです。

　一方，資源の制約が顕在化してきました。どの資源も掘り出せば雲散霧消されます。特にレアメタル（希金属）やレアアース（希土類）は，埋蔵されている量と場所が限定されています。レアアースを豊富に持つ中国はその輸出を戦略的に制限し始めました。

　貴重な資源をどのようにして後世代に継承していくのかが現世代人の重大な課題です。

東日本大震災

　4つ目は，2011年3月11日の東日本大震災です。地震と津波によって甚大な被害を受けた地域を新たな街に再興するとともに，福島第一原子力発電所の廃炉と事故によってまき散らされた放射能の除

染をしていかねばなりません。

　また,原子力発電の安全性に大きな疑問符が付き,各地の原子力発電所が使えなくなり,結果としてエネルギーの制約が市民生活を脅かすとともに,今後の日本経済の大きな足かせとなってきました。

政治の機能不全

　5つ目は,政治の機能不全が長く続き,今やわが国の構造的問題になっていることです。近年の衆・参の二院間のいわゆる「ねじれ現象」も政府の足を大きく引っ張っています。一部の政治家の資質やマスメディアの姿勢に問題が無きにしもあらずですが,国のトップである首相のリーダーシップが安定的に発揮できない状況が久しく続いています。結果として,民主主義の弊害である大衆迎合的なバラマキ政策が採られがちです。

　また,わが国の企業は様々な強い規制を受けるとともに,諸外国と比べて相対的に高い法人税率によって大きなハンデを負っています。わが国の実効税率約40％に対し,諸外国のそれは20～30％です。とりわけ,近年,国際競争力ランキングで常に最上位クラスにあげられるシンガポールは17％であり,米国でも引き下げの検討が進んでいます。

　欧米や東アジア各国とのFTA（自由貿易協定）,EPA（経済連携協定）や,米国が主導するTPP（環太平洋経済連携協定）への参加交渉が遅々として進みません。また,ASEANとのEPAによって来日した介護福祉士が,資格試験の壁に阻まれて帰国するといったように,成果を十分に享受できていません。巷間いわれる,明治維新,第二次世界大戦の敗戦に続く第3の開国は,国内の利害を

異にする組織や集団が相克し，その成否は予断を許しません。

6－2　経営環境と経営戦略の方向性

図6-1「近年の経営環境と戦略の方向性」の右欄に，前述の経営環境に対して想定される"経営戦略の方向性"，すなわち有望な事業ドメインや，競争力強化のための方向づけを例示します。以下，経営環境を図の上から順に追っていきますが，経営環境と経営戦略の方向性とは必ずしも1対1に対応しているわけではありません。

🔲 少子高齢化

まず，少子高齢化に伴って，健康，医療，介護といった社会的ニーズが強くなります。京都大学の山中伸弥教授がノーベル賞を授与される対象となったiPS（人工多機能幹細胞）の応用研究や，新薬の開発競争がますます熾烈です。その中で，スーパーコンピュータの利用が進むことでしょう。介護の分野ではロボットが一定の役割を果しそうです。

一方，少子化に歯止めを掛けるために，社会資本を高齢者に偏在させるのではなく，子育てにも振り向けなければなりません。子育てを支援する様々な制度の充実に応じて，関連する施設経営や新しいビジネスのニーズが強くなってきます。子育て中のビジネスパーソンに対するベネフィット（便益）供与の義務化が進むのではないでしょうか。

また，高齢者の増加に伴って，安全・安心を提供するビジネスや，訪問販売，ネット販売，宅配の利用が増加しています。顧客に足を

運んでもらうのを待つ受動的な商売から、今後は販売者が足を運ぶ能動的なサービスが必要とされているのです。たとえば、コンビニは客先まで弁当や惣菜を届けるサービスをはじめています。

人材の活力低下

人材の活力低下の対策としては、多様性（ダイバーシティ）の推進があげられます。外国人、女性、および高齢者の活用は今後の経営戦略のひとつの方向になります。会社組織における活力（ダイナミズム）は、多様化した人材構成の中で、"異文化"が遭遇し、"異能"が発揮され、そして"異見"が闘わされるところから生まれます。均一な集団にあっては、個人の存在価値が失われがちですが、多様な集団にあっては、一人ひとりの個性が集団としての経験知を高めることができるのです。そのための新しい人事システムと働く環境づくりが大切です。

また、人材のグローバル化に対応した教育ビジネスが拡大するものと思われます。楽天㈱やユニクロなど、社内の公用語を英語にするといった企業が話題になっています。文化や人種の違いを乗り越えて、真のグローバル企業となるための荒療治なのでしょう。

生活スタイルの変化

人々の生活スタイルの変化によって、情報・通信量が爆発的に増大しています。ICT（情報通信技術）、ソーシャルメディア（コミュニティ型のウェブサイト）や、モバイル（携帯用端末機器）の利用が一段と進むことでしょう。複数のユーザーが情報クラウド（インターネットをベースとした利用形態）の中でつながり合って、情

報を交換し共有する新しいビジネスモデル（ビジネスの仕組み）が次々と誕生しています。

　また、このようなICT環境を利用して、個人事業や、在宅勤務（SOHO）がますます増加することでしょう。東京のIT企業が、徳島県の山村の空き家を利用してオフィスを開設しています。光ファイバーネットワークさえ整備されていれば、ソフト開発は場所を問いません。緑豊かな自然の中で、人材の創造性がよりよく引き出されるのです。

　人々の生活レベルの向上につれて、新しい体験をしたい、未知の世界を見たいという欲求や、楽しい時間をゆったりと過ごし、癒されたいという希望を叶えるための観光ビジネスがますます拡大することでしょう。観光の振興は、わが国の重要な施策のひとつと位置づけられています。

デフレの進行，財政の悪化，欧米市場の縮小

　デフレの進行に伴って、価格競争がますます熾烈化していますが、消費者の低価格馴れが進み、それだけで差別化することが困難になってきました。生産者、供給者には、何らかのプラスアルファの工夫が求められるところです。

　加えて、財政の悪化による日本市場の低迷、および欧米市場の縮小が進むにつれ、各企業は中国、インド、およびASEAN各国など、アジア市場を重視した事業戦略を強化しています。最近、ミャンマーがアジア最後のフロンティアとして話題となっています。政治の民主化が進むにつれて、先進国が資源や市場としての価値を求めて投資を増やしているのです。ただし、これらの地域における地政学

的リスクの急速な高まりに鑑みて,グローバルなリスクマネジメントのあり方が今後ますます重要になってくるでしょう。

🏳 円高の進行,高い法人税率

　円高が進み,輸出競争力が低下する中,国内メーカーは生産拠点を海外に移し,本社工場をマザー工場に改編する動きが急ピッチです。中国などのアジアの国々のみならず,近年は米国を輸出拠点とする企業も増大しています。その一環として,海外企業のM&A(企業買収)も,円高を利用した有力な戦略となっています。かつてのバブル期のような,金余りに任せた無鉄砲なものではなく,円高のメリットを活用した堅実なものが目立ちます。新事業・新市場展開のみならず,資源や新技術の獲得を目的としたものが増加し,2012年の件数はバブル期を超す勢いです。当然のことながら,M&Aにおいては,経営資源の移動,増強,あるいは調達が必要になります。そのためのコストと効用との比較検討,および当戦略と他の戦略との比較分析をしっかりと行わねばなりません。

　また,各企業は円高の進行と高い法人税率のハンデを乗り越えるために,製品・部品のグローバルな供給連鎖(サプライチェーン)を構築しています。ジャーナリストのトーマス・フリードマンがいった「フラット化する世界」とはこのような様相を表現したものです。筆者らの会社においては,1970年代初頭の比較的に早い段階からサプライチェーンのグローバル化,ならびに適地生産を進め,為替変動に強い企業体質を構築してきました。今後は,モノのみならず,ヒト,ワザ,チエの相乗による効果をより以上に発揮したいと感じているところです。

もうひとつの動きはリバース・イノベーションです（ゴビンダラジャンら『リバース・イノベーション』ダイヤモンド社，2012年）。「途上国で最初に生まれたイノベーションを先進国に逆流させる」という，従来の流れとまったく逆のプロセスであり，時に大きな破壊力を生み出します。たとえば，米国のGE社は医療機器を製造・販売していますが，数千万円もする高価な超音波診断機器は開発途上国では売れません。そこで，発想の転換によって価格を10分の1にまで落としたポータブルなものを中国で開発し，中国の農村部向けに販売し，その上でその機能に若干の手を加えて米国に投入して成功しました（『日経ビジネス』2011年6月10日）。また，化粧品の資生堂はアジア向けの低価格品を日本でも別ブランドで販売するとのことです。

二酸化炭素の排出制限，エネルギー制約

　原子力，および化石燃料に頼らない太陽光，地熱，風力などの再生可能エネルギー，いわゆる"創"エネへの参画企業が，発送電の分離政策にも後押しされて増加しています。また，様々な機器の"省"エネ機能は，製品・サービスにおける大きな競争力になっています。そして地域ごと"エコ"を指向したスマートシティ（最新技術を駆使した環境配慮型の街づくり）の大プロジェクトが，多数の地域で大手デベロッパーによって推進されようとしています。資源，エネルギーを過剰に使用する成長指向から，持続可能性，生存可能性に舵を切った縮小指向へと，社会のあり方を根本から見直すべき時期に来ているのではないかということです（松久寛『縮小社会への道』日刊工業新聞社，2012年）。

反原発によってエネルギー源が制約される中，新エネルギーの開発ビジネスがますます盛んになっています。わが国の国土面積は世界第62位ですが，海洋域では世界第6位です。そこに新エネルギーとして，水素を多く含んだ天然ガス（メタンハイドレート）が埋蔵されており，その開発が進められています。また，米国などで，地中深い岩盤に埋蔵されている膨大なシェールガスの掘削が商業ベースに乗ってきました。それに対する主体的な事業参加と，その活用が新たな戦略要素になっています。ただし，天然ガスも所詮は化石燃料ですから資源の量は有限ですし，炭素成分が石炭や石油に比べると少ないとはいえ含まれており，地球温暖化の根本的な対策にはならないことに留意が必要です。

資源の制約

　資源の制約に対応して，3R，すなわち資源の節減（リデュース：Reduce），再利用（リユース：Reuse），資源の回収（リサイクル：Recycle）を，製品およびプロセスにおいて徹底していかなければなりません。リデュースに関していえば，たとえば，モーターに使われる永久磁石において，希少資源であるレアアースの使用を極力抑える脱レアアース化の技術開発が加速しています。また，採算をとるのが比較的に困難とされるリサイクルに関しては，製品構造を最初から分別し易くしておいて，その費用対効果を高める工夫が大切となります。

復興需要

　東日本大震災の復興需要は，短期的に GDP を押し上げます。災

害に強い社会インフラ作り（国土強靱化）のための新規需要が増加すると見込まれます。また，被災した地域を免税，減税，規制緩和などの震災特区に指定することによって，新しいビジネスを興すということもあるでしょう。国内企業のみならず，カナダ最大のソーラパネルメーカーであるカナディアンソーラーが企業立地に名乗りを上げました。そして，前述の介護用のロボットに加えて，破損した原子炉の廃炉や甚大な災害時の救出用のロボットの開発に拍車が掛かるでしょう。

　このようなピンチをチャンスに変える企業戦略もひとつの方向です。

🏴 貿易自由化の遅れ

　今や，中国は国際経済社会のメジャープレヤーとして，積極的な資源外交に努めています。韓国は欧州に続き，アメリカとも FTA を結びました。わが国もスピード感を持ってグローバル競争に参画するとともに，TPP などによって戦略的な"協創"関係を構築していかねばならないでしょう。

　FTA，EPA や，TPP の推進のためには，その障壁となっている第１次産業（農業，水産業）の競争力の強化を図らねばなりません。果物など，品質の高級化とともに，第１次産業の従事者が第２次産業，第３次産業も合わせて行う第６次産業化の必要性が指摘されています。たとえば，果物を栽培するだけでなくジュースに加工し，インターネットを利用して販売することによって付加価値を高めるということです。ちなみに，わが国の GDP 約500兆円のうち60％の約300兆円が消費であり，その中で飲食糧費は約70兆円（エンゲ

ル係数約23％）を占めています。一方，第1次産業のGDPは約6兆円であり，飲食糧費全体との差額の大部分は第2，3次産業の加工，物流，および販売段階での付加価値となっています。その幾分かでも生産者側に取り込もうとするのが第6次産業化の発想であり，その担い手として地域の建設，食品関連企業の農業参入が増加しているところです。

6－3　戦略展開のポイント

以上，経営システムの動的な側面として，経営環境に対応する経営戦略の一般的な方向性について述べました。しかし，経営の実践においては，それに合わせてやっておればよいのかというと，そう簡単ではありません。創業まもない企業が，背水の陣で大きな戦略を展開して成功するケースがある一方，歴史のある企業が，時代の波に乗り遅れまいと無理な戦略を展開して失敗することもあります。一般的な方向性以外にも，様々に考慮すべき大切な事柄がありそうです。

まず，企業目的を達成するために，経営戦略をここまで述べてきた方向性に合わせることが絶対的に"必要"かというと，必ずしもそうではありません。経営環境の如何に関らず，それとはまったく関係のないニッチ（すき間）で成果を出している企業もあります。たとえば，アニメ，輸入雑貨，ファッションや，富裕層限定商品など，社会の多様化に伴って，様々なニーズに対応した市場が増加しています。大企業においても，日東電工㈱はグローバルニッチトップ戦略を掲げて好業績をあげています。その考え方は，ニッチな分

野を対象に固有の差別化された技術を生かして，グローバルなシェア No.1を狙うというものです。

オハイオ州立大学のジェイ・バーニー教授が提唱した「経営資源に基づく視点（リソース・ベースト・ビュー）」は，企業が持つ経営資源の希少性や経済的・技術的な模倣の困難性などによる競争優位の重要性を指摘しています（バーニー『企業戦略論―競争優位の構築と持続』ダイヤモンド社，2003年）。必ずしも，経営環境"ありき"という単純なものではなく，たとえ一般的な流行と方向性が違う分野であっても，経営資源による競争力を発揮して成功できるということです。

一方，経営目的を達成するために，経営戦略をここまで述べてきた方向性に適応させておけば"十分"かというと決してそうではありません。経営環境にふさわしい魅力的な市場には，国内，国際から新たな参入企業が次々と名乗りをあげるでしょう。いずれ，代替する製品・サービスが登場することでしょう。たとえば，急速に拡大中のモバイル端末の市場では，グローバルな競争が激化する中，先行していた日本企業が苦戦しています。街の商店街には，同じような飲食店が軒を並べ，健康志向のマッサージ店や鍼灸院がたくさん開業しています。その中を勝ち抜いていくためには，特色ある魅力を持たねばならないでしょう。

マイケル・ポーター教授は，事業ドメインで有利な「ポジショニング（位置取り）」をすることによって，持続的な競争優位を確立することの大切さを指摘しています（ポーター『競争の戦略』ダイヤモンド社，1982年）。その中で，競争を激化させる構造要因として，新規参入の脅威，既存競争業者間の敵対関係の強さ，代替製品から

の圧力,買い手の交渉力や,売り手の交渉力の5つをあげています。前述した経営戦略の方向性に沿うだけではなく,このような競争を回避するか,あるいは勝ち抜く工夫をしなければなりません。次章において,事業による競争力について述べたいと思います。また,第3章2節「人材と組織構造」で述べたように,「戦略は組織に従う」,「戦略は経営資源に従う」ことから,自社の組織力と経営資源の持つ優位性や親和性を考慮して,戦略を策定することが肝要です。戦略の方向性さえ間違いなければ成功するという単純な図式ではないのです。

　また,経営環境や市場・顧客の動向,および技術のレベルと方向はスピーディに動いています。経営戦略は短期的な視点で見ていると,いつも逃げ水を追う結果に終わってしまいます。中長期の視点に立って計画的に,場合によっては創発的,緊急的に構想していかねばなりません。

　著名なアインシュタインによる相対性理論は,それまで絶対視されていた時間,空間,および質量が観測者によって相対的であることを明らかにしました。経営システムにおいても,経営環境との相対において経営戦略の考え方を変えていかねばなりません。試みとして相対性理論を擬似した形で考えてみましょう。まず,経営戦略においても,時間感覚を変えなければなりません。すなわち,危機感・スピード感を持って経営環境の変化に対応することが要請されます。その上で,空間感覚を変えなければなりません。すなわち,グローバルな経営環境の中で,私たちは経営システムをグローバル思考,グローバル競争の視点でもって考えることが要請されます。そして,地球規模の資源やエネルギーの制約という現実を前にして,

私たちは生活者・消費者としての生活の"質"の量り方，すなわち価値観の見直しを迫られているのです。

　すなわち，これからの経営戦略は，グローバル思考と価値観の変化を基本にして組み立てるとともに，社会・経済環境の変化に応じて危機感・スピード感をもって展開していくべきでしょう。

　なお，わが国においては財政の規律を取り戻すための税と社会保障の一体改革とともに，新たな成長戦略が求められています。図6-1「近年の経営環境と戦略の方向性」に示した戦略の方向性は企業の基本戦略であるとともに，国の成長戦略とも，一部，重なるように思いますが，いかがでしょうか。

第7章 経営力の発揮

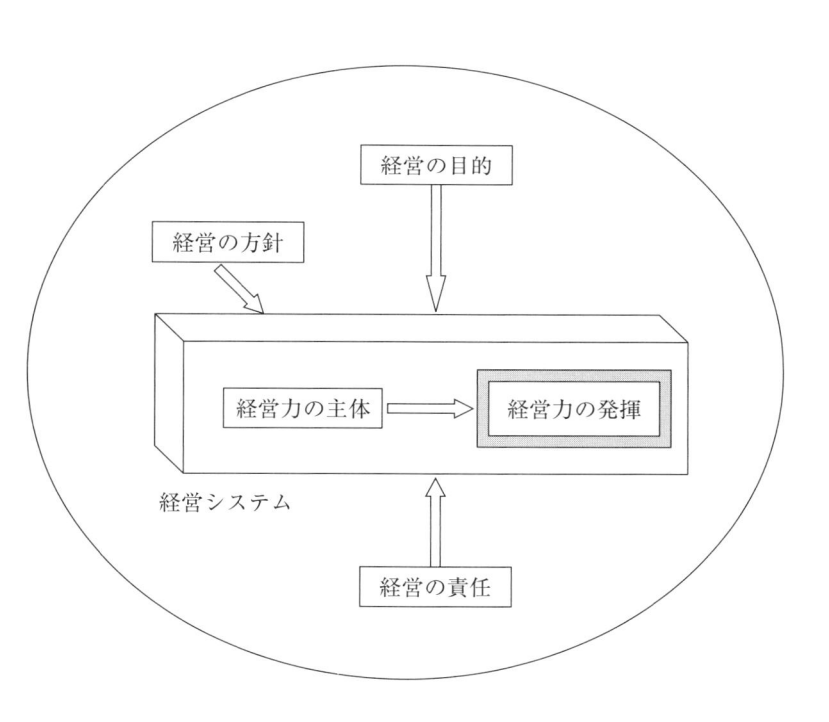

```
           経営の目的
              ↓
   経営の方針
      ↘
   ┌─────────────────────────────┐
   │  経営力の主体 → 経営力の発揮 │
   └─────────────────────────────┘
   経営システム      ↑
              経営の責任
```

事業とは，様々なプロセスのつながりとそれらの相互作用によって経営力を発揮し，業績を生み出すことです。製品・サービスに，どのようなコンセプト（基本的概念）を持たせるのか，それをどのようなプロセス（手順）で実現するのかが，事業における競争力の鍵です。

　グローバルな競争の場において，長期的に優位性を保持していくためには，時代背景や経営環境に整合し，顧客や社会から強く支持される優れたコンセプトを持った製品・サービスをタイムリーに提供し続けなければなりません。新しい利用価値や使い勝手，魅力的なデザインや機能・性能などを提案していかねばなりません。そのためには，マーケティングとイノベーションとの緊密な連携が重要です。

　また，製品・サービスを顧客・市場に提供するための一連のプロセスにおいては，品質，コスト，および納期・リードタイムの観点から様々な創意工夫をし続けていかねばなりません。また，その間に発生する様々な課題に対しては，関連するプロセスを複合的に捉えて，包括的，本質的に解決していかねばなりません。

　そして，いかに優れた事業・製品・サービスにも寿命があるので，それに安住している訳にはいきません。各事業・製品・サービスについて，それぞれがライフサイクル上のどの位置にあるのかを確認し，企業の継続と発展の視点から，それらのバランスのとれた組み合わせ（ポートフォリオ）を持つことが大切でしょう。

7−1　コンセプトづくり

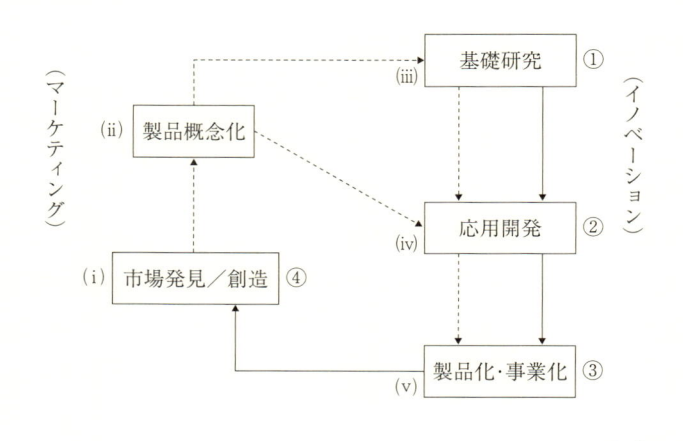

　図7-1「マーケティングとイノベーション」に，コンセプト作りに関するマーケティングとイノベーションの相互関係を示します。両者は互いに「蛇が自分のしっぽを飲み込む」ような関係にあり，相互に依存し合っています。図の実線の矢印で示しているように，イノベーション主導でマーケティングするのか，点線のようにマーケティング主導でイノベーションするのか，どちらを起点にするのかによって2つの道があります。

🔲 イノベーション主導型

　ひとつは，イノベーションを起点にするものです。図の実線で示すように，①基礎研究からスタートして，②応用開発，③製品化・

図7-1　マーケティングとイノベーション

──▶ イノベーション主導
┄┄▶ マーケティング主導

事業化の順序でイノベーションを行います。そして，④市場を創造するためのマーケティング力を発揮する手法です。「発明は必要の母」というわけです。

たとえば，かつてソニー㈱はトランジスタの基本特許を米国から購入して，研究・開発に取り組み，量産化に成功しました。そして，トランジスタラジオとして製品化し，アメリカ市場で受け入れられて大成功を収め，同社の発展の礎としました。製薬会社においては，基礎研究や治験の段階で思わぬ効用を発見して新薬の製品化に成功するといった例が多いようです。また，現在，iPS（人工多能性幹細胞）が基礎研究から，動物実験の段階にあり，今後，応用開発を経て，人工臓器や難病治療用の新薬の大きな市場が形成されることでしょう。

米国のMITが提唱した技術経営（MOT：Management of Technology）は，このようなイノベーション活動の有効的，効率的な推進を体系づけるものといえるでしょう。

マーケティング主導型

もう一方は，マーケティングが主導するものです。図の点線の矢印で示すように，まず(i)市場を発見し，それを充足するための(ii)製品概念を構築するマーケティングを行います。そして，(iii)基礎研究に着手する，あるいはそれを飛ばして(iv)応用開発して，(v)製品化・事業化するイノベーション力を発揮するのです。「必要は発明の母」というわけです。

たとえば，日清食品㈱の創業者の安藤百福氏は，人々の生活様式が変化する兆しを見抜き，インスタント麺の草分けともいえるチキ

ンラーメンを開発して事業化に成功しました。筆者も学生時代，研究室に電気コンロを持ち込んで，夜食用としてしばしばお世話になりました。アップルのタブレット「i-Pad」や，スマートフォン「i-Phone」は，ユーザーが何を望んでいるのかを徹底して追求してそれを製品概念に落とし込み，製品化しました。技術や部品には，日本製をはじめ中国・韓国・台湾製品が数多く採用されていますが，製品のコンセプトとインターフェース（つなぎ）で独自性を発揮しています。機能的価値のみならず，ユーザーをとことん考え抜いた意味的価値（こだわりや自己主張）の付与によって成功したのです。

　こちらはハーバード大学の経営学修士（MBA：Master of Business Administration）流のやり方といえるでしょう。マーケティング主導によるビジネスモデルの確立，および製品・サービスの事業化です。

　これらイノベーション主導型，マーケティング主導型は必ずしも一回のサイクルで完結すると考える必要はありません。図中の実線のイノベーションと，点線のマーケティングの両者をつないだサイクルを次々と循環させながら，完成度を高めていくといったケースもあるでしょう。たとえば，トランジスタ技術は新製品を次々と生み出しながら，IC，LSIへと集積度を上げ続けました。i-Padは，画像の質を高め，音声入力などの新技術を取り入れながら，今なお，進化を続けています。

　イノベーション主導型，およびマーケティング主導型において，それぞれ注意しなければならないポイントがあります。

🔳 イノベーション主導型のポイント

　まず、イノベーション主導型において注意すべき1つ目のポイントは、当然のことですが、技術の高さが必ずしも実用性の高さを意味しないということです。かつて、筆者らは人工知能を複数エレベーターの効率的な運行制御に利用して、多数の現場で実用化し、大きな成果を得ることができました。一方、エレベーターかご内の異常な動きを検出する斬新な防犯センサーを開発して、特許も取得しましたが、現場の様々なノイズとの識別が不十分で、実用化に失敗しました。

　2つ目のポイントは、ひとつの企業や組織内で閉じた形のイノベーションには限界があるということです。この解決のために、近年、オープンイノベーションの重要性が指摘されています（チェスブロウ『OPEN INNOVATION』産業能率大学出版部、2004年）。研究開発を自前主義にこだわらず、外部機関や組織との戦略的でオープンな協働によって行い、高い次元のイノベーション体制を構築し、開発期間を短縮しようとするものです。

　3つ目のポイントは、基礎研究と製品化との間に死の谷（デスバレー）が存在することです。技術シーズを最終製品につなげることが難しい状況を指しています（日置弘一郎ら『日本型MOT』中央経済社、2004年）。海のものとも山のものとも分からない応用開発の段階で、大きな投資を要するリスクテイクを躊躇して、途中で挫折してしまうケースが少なくありません。研究者は技術の用途が分からず、事業担当者は技術の存在を知らないといった、すれ違いが原因となる場合もあります。技術の持つ可能性を理解し、経営に効果的に投影できる戦略的なリーダーシップ、および普段から中長期の研

究開発の方向性を社内で共有する仕組みが大切となるでしょう。

4つ目のポイントとして、ハーバード大学のクレイトン・クリステンセン教授が指摘した、「イノベーションのジレンマ」と呼ばれる現象に注意しなければなりません（クリステンセン『イノベーションのジレンマ』翔泳社、2000年）。優良企業が顧客の意見に注意深く耳を傾けて、持続的な技術進歩に集中している間に、新興企業によって突然もたらされる破壊的なイノベーションを軽視してしまい、その地位を取って代わられるというものです。たとえば、汎用コンピュータは、ミニコンにその地位を奪われ、ミニコンは短期間でパソコンに取って代わられました。デジタルカメラの登場により、街の多くのDPE店が廃業し、世界一のフィルムメーカーであったコダック社が倒産しました。エレベーターにおいても、従来、屋上に専用の機械室が設置されていましたが、巻上機や制御盤をエレベータかごの昇降路に納める革新的な方式が製品化されるやいなや、低層の建築物用はたちまちのうちにそれに代替されました。

このようなジレンマの解消のためには、社内外で起きている様々なイノベーションの本質を見極め、それによってもたらされるであろう不連続な変化を理解し、それに備えなければなりません。また、自らが主役になって、そのような変化を先導していかねばなりません。

以上のとおり、イノベーションを有効適切に実践するためには、大きな判断のできる経営者と、技術と市場の最前線に触れるエンジニアとセールスパーソンとが、できるだけ密に意思疎通できる組織的、風土的な工夫が大切となります。これらは技術の視点で経営を考えるMOTの大きな課題といえるでしょう。

🏛 マーケティング主導型のポイント

　一方，マーケティング主導型において注意すべき1つ目のポイントは，製品概念を構築するところにあります。マーケティングにおいては，市場と顧客をただ漠然と追い求めたり，一人合点で走ったりしないことです。マーケティング論のフィリップ・コトラーのいうマーケティングの基本手順を確実に踏むことが大切でしょう（コトラーら『マーケティング原理』ダイヤモンド社，1995年）。すなわち，購買者グループごとに市場を分割（市場細分化）し，自社の事業または製品・サービスが追求すべき市場セグメントを選択（ターゲット・マーケティング）します。その上で競合企業との比較において競争優位となるか，あるいは無益な競争を回避できるように位置取り（市場ポジショニング）をするのです。天才的な事業家によるひらめきによって新しいビジネスモデルが開発され，成功を収めるといったケースは数多くあります。しかし，そのような直感の裏には，人知れない努力や試行錯誤があり，その中で数多くのマーケティングの思考実験が行われていたのではないでしょうか。

　2つ目のポイントは，そのポジショニングで必要とされる経営資源と，現実に自社が保有しているものとの相性を間違えないことです。たとえそれに差があったとしても，キャッチアップできるものかどうか，あるいは他社に委託（アウトソーシング）できるものかどうかということです。

　3つ目のポイントは，上記のポジショニングにおいて，経営学者のエドモンド・マッカーシーが指摘したように，マーケティングミックス4P（Product, Price, Promotion, Place）を戦略的に構築することです（和田充夫ら『マーケティング戦略』有斐閣アルマ，1996年）。

製品・サービス（Product）においては，顧客ニーズに適合し，ブランドに整合した製品・サービスの品揃えをどのように用意するのか，各製品・サービスをどのようなデザイン，機能・性能，品質とするのかです。価格（Price）については，表示価格や値引きをどうするのかなどです。この点に関しては，第8章3節「業績とステークホルダー」でも再考します。最近，次々と発足した格安航空会社（LCC）においては，価格が空席状態に応じてまるでゲームのように上下しますが，経済的な合理性はあります。販売促進（Promotion）には，マスメディアによる広報（PR），ネットやチラシなどによる広告宣伝，イベントやクーポン，あるいはセールスパーソンやチームによる販売活動があります。流通（Place）とは，どのようなチャネルやルートを使って製品を提供するのかを検討することです。一般的には専門知識を要する高額品は短いルートで，汎用品は長くて幅広い販売ルートにします。在庫をどれだけ持つのかも大切なポイントです。多くすれば陳腐化の心配がある一方，少なければ機会損失をします。配送による工夫もあります。アマゾンは豊富な在庫と物流網によって，書籍などの注文に1～2日で応え，高い顧客満足度を得ています。

　4つ目のポイントは，マーケティングミックスを作り手側の発想だけではなく，買い手側の立場に立って考えることです。前述の4Pはすべて売り手側の論理による工夫ですが，経営学者のロバート・ラウターボーンは買い手側に立った4C（Customer value, Customer cost, Communication, Convenience）の重要性を指摘しています（岩本俊幸『販促手法の基本』日本実業出版社，2011年）。顧客は製品・サービスそのものではなく，価値（Customer value）が欲しい

のです。欲しい価値を代替する優れものがでてくれば，いつでも心変わりをします。電機量販店で購入毎に加算されるポイントも，顧客にとって価値と認識されることがあるでしょう。値段は顧客にとってコスト（Customer cost）に他なりません。味の素㈱やキューピー㈱が東南アジアで商品を小容量に分けて低価格で販売しているのは，まさにこの点を考慮したものでしょう。販売促進は顧客にとって必ずしも必要というわけではありません。顧客は作り手に比べて商品知識が不足していますので，コミュニケーション（Communication）によって，その差（情報の非対称）をていねいに埋めてくれることを期待しているのです。たとえば，近年，大型店舗やコンビニに押され気味ですが，八百屋や魚屋など，街の専門小売店の店先で交わされる店主と顧客との軽妙，かつ真剣なやり取りです。流通は顧客サイドの関心事ではありません。顧客にとっては利便性（Convenience）さえあればよいのです。この点に関しては，まさにコンビニエンスストアの発想です。

　すなわち，マーケティングにおいては，経営システムと顧客・市場との境界を挟んで，双方向の立場に身を置いて，ものごとを考えることが大切でしょう。4Pと4Cの様々な工夫によって，利益を生み出すビジネスモデルを構築していくべきでしょう。

　以上，イノベーション主導によるコンセプト作りにおいては，将来の経済・社会とそれから派生するであろう市場の動向を絶えずチェックしつつ，効率的な技術投資によって大きな市場創造をすることが大切です。

　一方，マーケティング主導によるコンセプト作りにおいては，将

来の技術の方向性とレベルを絶えずチェックしつつ、効果的な市場探索によって魅力的な事業、製品・サービスをつくることが求められます。

7-2 プロセスのつながり

優れたコンセプトを持った製品・サービスは、様々なプロセスの価値連鎖（バリューチェーン）によって、品質（求められる特性に対する適合度）、コスト、および納期・リードタイム（所要期間）がつくり込まれて、顧客のもとに届けられます。バリューチェーン

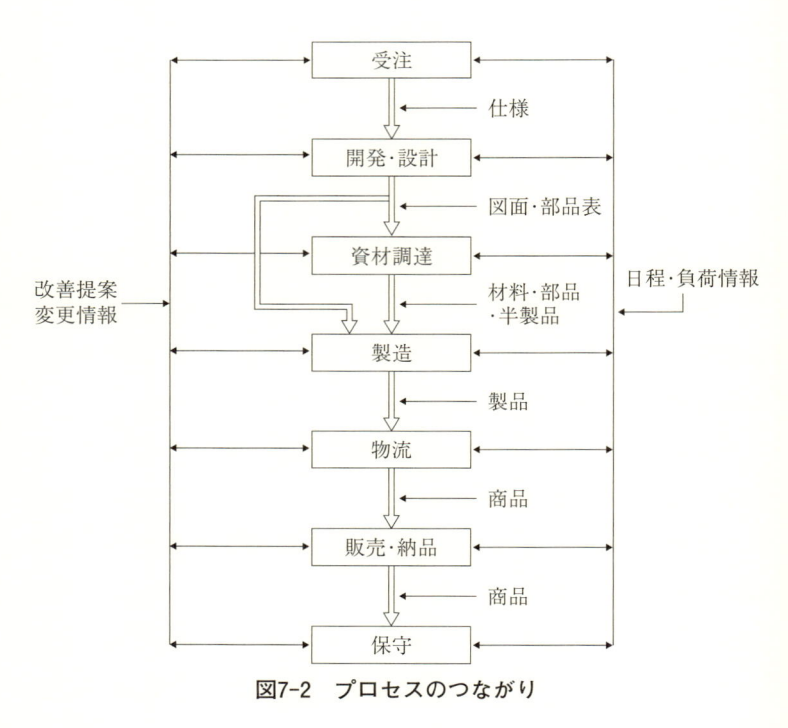

```
                    受注
                     ↓  ← 仕様
                  開発・設計
                     ↓  ← 図面・部品表
                   資材調達
改善提案                 ↓  ← 材料・部品    日程・負荷情報
変更情報                      ・半製品
                    製造
                     ↓  ← 製品
                    物流
                     ↓  ← 商品
                  販売・納品
                     ↓  ← 商品
                    保守
```

図7-2 プロセスのつながり

は，主活動と支援活動に分けられますが，図7-2「プロセスのつながり」は，そのうちの主活動の流れです。

🔲 主活動

　本図は個別受注生産品における，受注，開発・設計，資材調達，製造，物流，販売・納品，保守（メンテナンス）というプロセスの流れです。製品・サービスが受注されますと，仕様情報が開発・設計プロセスに入力されます。開発・設計でそれが図面や部品表に変換され，資材調達，および製造プロセスに送付されます。資材調達では，それをもとに材料・部品・半製品を調達し，製造プロセスに供します。製造プロセスで加工・組立された製品は，物流プロセスを経由して，商品として販売・納品されます。さらに，システム製品においては保守されます。

　このようなプロセスのつながりには，事業や製品・サービスに応じて様々な形態があります。繰り返し受注生産においては，設計プロセスは個別の受注ごとには行われません。開発・設計の後で，受注，資材調達，製造以下のプロセスが繰り返されます。見込み生産品の場合は，受注は製造の後工程になり，製造，受注，物流の順になります。卸売業においては資材調達，受注，物流，販売・納品となりますが，この場合の資材調達は完成された製品の入荷です。小売業では，製造業または卸売業からの製品の入荷と販売という流れになります。サービス業においては，人の汗と知恵の提供が，小売業の販売に相当するでしょう。

　バリューチェーンは，今や，グローバルに拡大しています。それに伴って，原材料や部品の調達から製造，物流を経て顧客に納品さ

れるまでの一連のモノの流れである供給連鎖の管理（サプライチェーン・マネジメント：SCM）がますます重要となっています。そのための情報・データを供給連鎖中の複数の拠点で自在に共有する手法として、クラウドコンピューティングの利用が促進されることでしょう。また、供給連鎖の広がりに伴って、自然災害や社会・経済・政治情勢の変化などのカントリーリスクが増大しています。いざといった場合に、それによって決定的なダメージを受けないように、事業継続計画（BCP：第5章2節「様々な経営の責任」）を普段からしっかりと準備しておかねばなりません。

図7-2「プロセスのつながり」に示すとおり、プロセスのつながりの中で、多重の情報の伝送経路が形成されています。まず、図の右側に示すように、日程・負荷情報がこれらのプロセスを相互につないでいます。プロセスや工程の中のボトルネックが全体の付加価値を制約しますので、各プロセスの処理能力をできるだけバランスするように工夫します。しかし、いかにそれらを揃えようとしても、受注製品の偏りによって、各プロセスや工程の負荷に軽重のアンバランスが生じます。そのような場合には、許容範囲内で事前の日程調整を行い、バリューチェーンの流れを円滑化し、仕事のロスや遅延の原因を取り除きます。

一方、図7-2「プロセスのつながり」の左側に示すように、様々な改善提案や変更情報が各プロセスを行き来します。下流のプロセスから出された改善提案を、手近いプロセスで簡便に対処しようとしますと、往々にして小さな部分最適に陥ります。全体最適を考慮して、できるだけ上流の責任あるプロセスで根本的な解決を図るべく検討することが重要です。その結果、または自主的な判断による

各プロセスの方針，手法や，基準などの変更情報は，思いやりとスピード感を持って関係プロセスに伝えられるべきでしょう。日本式モノづくりの成功の秘訣のひとつとされる小集団による QC サークル活動は，このような改善提案活動を促進する母体になっています。それをトップダウン型の全社運動として展開するトータルクオリティコントロール（TQC，または TQM）も多くの会社で行われています。製品の企画設計から，製造，販売，アフターサービスまでの全プロセス，および組織の全階層が参加するものであり，製品の品質や，仕事の効率を向上させるだけではなく，社員の意識を改革し，人材教育を促進します。

　プロセスの流れの中で行われる様々な間接業務も効率化しなければなりません。モンゴル帝国の宰相，耶律楚材は，「一利を興すは一害を除くに如かず」との言葉を残しました。年月を経るに従って，仕事や管理のプロセスが次々とつぎはぎされていき，いつの間にか全体として非効率になっていることがしばしばあります。また，その間の情報通信技術（ICT）の進歩に伴って，業務の在り方は相対的に旧式化していきます。したがって，常時，あるいは適時に仕事やプロセスを見直していかねばなりません。ビジネスプロセス・リエンジニアリング（BPR）は，このようなプロセスの流れにおける間接業務をゼロベースで仕分けし，組み換え，結合や廃止によって簡略化，効率化するものです。設計から製造に至る様々な業務を同時並行的に行ないスピードアップとコストダウンを図るコンカレントエンジニアリングも，BPR の一手法といえるでしょう。

　プロセスの一部に問題が生じた場合は，その部分の修正だけで糊塗しようとするのではなく，プロセス全体に関連する大きな問題の

一部と捉えて，大きな解決を目指していかねばなりません。たとえば，受注プロセスにおいて，ひとつの営業所の受注成績の不振の裏には，人材教育や販売資料の不足など，他の営業所も共通して抱える複数の要因が潜んでいる可能性があります。また，ひとつのプロセスの問題は，相互に関連する複数のプロセスによる複合的な結果と捉えて，根本的な解決を図っていかねばなりません。たとえば，ある製品の販売不振の裏には，開発・設計と営業との相互不信が潜んでいる場合があります。筆者もしばしば悩まされましたが，「販売力に問題がある」／「製品力が弱い」といった具合に，双方の非難合戦が陰に陽に起こっているのです。"陽"で行われる論争には対応できますが，"陰"にこもるとなかなか厄介です。また，製造に関る品質問題には，上流部門である設計の配慮不足が起因している一方，製造部門の様々な知恵や工夫が隠れた暗黙知に留まって，上流部門のエンジニアに伝えられていないといったことが悪循環しているケースもあります。

このような問題に対処するためには，システム思考を組織風土として定着させることが大切です。幅の広い視野を持ったシステム思考のできる人材が多ければ多いほど，このような問題解決を正しく速く行うことができるでしょう。

各プロセスの要点

次に，各プロセスを上流から順次，競争力強化の観点からごく簡単に説明します。

まず，受注プロセスにおいては，製品・サービスの競争力，会社の信用力・ブランド力，およびセールスパーソンの人となりをしっ

かりと顧客に訴求しなければなりません。また，組織的，および個人的な人脈や，代理店などの販売ネットワークをベースとし，顧客情報の蓄積と活用によって，幅広く，かつ強力な顧客関係を作ることが重要です。セールスパーソンは顧客の顕在・潜在したニーズをしっかりと把握できるようにコミュニケーション能力を練磨するとともに，製品・サービスを販売促進するための十分な自社，および他社の製品・サービスに関る知識・情報を持たねばなりません。

　開発・設計は，受注された製品・サービスの仕様情報を，競争力のある機能とQCD（品質：Quality，コスト：Cost，納期，リードタイム：Delivery）を持つ製品の図面や部品表に変換するプロセスです。製品に付与する機能は，価値を機能／コストと定義（価値分析）して，その大小で採否を判断するのが合理的です。一方，製品の構造は，できるだけ標準化・共通化し，モジュール（機能単位で規格化された部品）で構成することによって，バリューチェーンの管理を容易にし，製品の品質および生産性を高めることができます。一般に，品質とコストの大部分は設計によって決まりますので，開発・設計においては，それらが目標どおりになっているかどうかを，設計審査（デザインレビュー）によって確認しながら進めることが大切でしょう。

　資材調達においては，サプライヤとの間で行われる見積り，契約，発注，および納品までが管理の対象になります。上から目線ではなく，品質およびコストについてはサプライヤと一体で改善・工夫していく姿勢が大切でしょう。SCMとBCPに責任を負う中で，適切な材料，部品の在庫管理を行わねばなりません。また，資材部門は常に新しい技術や部品に接していますので，自らが開発・設計の一

員であるとの気概を持って価値分析などの役割を担当すべきでしょう。

　製造においては，生産技術，生産管理，および現場作業担当のよき連携によって，地に足のついた改善工夫の諸活動を行うことが重要です。相互の信頼関係がないと，効果は限定されますし，継続しません。トヨタ生産方式として著名な「カンバン」の基本思想は，多くの企業で採用されています。工程間を行き来するカンバンによって，自工程で使った分だけ前工程に作らせる仕組みでジャストインタイム（JIT）化を図り，工程間仕掛りを最少化するものです。また，近年，複数の工程から成る加工組立においては，コンベア方式に代り，一人の作業者が複数の工程を一続きで作業するセル生産が多用されています。変更に柔軟に対応でき，スペースを狭くして効率を上げ，仕掛り在庫を減らすことができます。また，何よりも現場の士気を高揚させる効果を期待できます。品質に関しては，同じくトヨタが開発した"アンドン"の仕組みなどで，プロセスを見える化（可視化）することが大切です。見える化は，製品の品質を向上させるとともに，作業者の品質意識を高めることにも寄与します。

　物流においては，物流コスト，リスクや利便性に応じて，供給連鎖の在り方を工夫していかねばなりません。モノの輸送においては，陸上，海上，航空輸送と選択肢が増えていますので，緊急度やモノの形状，重量に合わせて効率的な選択をしていかねばならないでしょう。そして，当然のことですが，コンパクトな梱包の工夫によってコストを下げることが大切です。家電製品の巧妙な段ボール梱包にはいつも感心させられます。

　販売・納品においては，受注した仕様どおりで，必要十分な品質

を持った製品・サービスを期日どおりに納めなければなりません。その際，顧客の視点に立って，しっかりした製品・サービスの説明を行うことが，製造物責任（PL）の観点からも大切となります。サービスの提供に際しては，茶道の根底を流れる利他心に相通じる"おもてなし"の心が求められます。

　保守（メンテナンス）については，システム製品の販売・納品後に，その責務が発生します。後追いで問題を解決していく事後保全ではなく，普段から要所を押さえた予防保全・予知保全を徹底しなければなりません。マニュアルの充実，過不足のない部品在庫，利用情報のシステム活用，および徹底した人材教育が大切です。ちなみに，社会インフラや大型生産設備などのメンテナンスにおいては，ICT の活用による遠隔監視や，自動点検・調整などの情報武装化が進んでいます。

　このようにして，バリューチェーンにおける様々なプロセスの創意工夫と努力によって，製品・サービスの QCD による競争力が高められていくのです。しかし，経営環境の変化，競合企業や市場の動向によって，競争要因の重心が移動します。したがって，バリューチェーンも，それに連動させて絶えず改善し続けるとともに，大きく革新していかねばなりません。

🔲 支援活動

　これらの主活動を支援する様々な支援活動があります。

　企画部門は企業の現状や環境に照らして目標の設定を行いますが，独善に陥ってはなりません。それを避けるために，一番よい企業の一番よいプロセス，あるいは一番優れた製品・サービスの QCD を

基準（ベンチマーク）として設定する手法がしばしば行われます。

　人事部門は，各部門からの要求をそのままうのみにしたり，短期で循環する景気の波に左右されたりして採用人数を決めてはなりません。全体最適，かつ中長期の視点に立った採用に徹すべきでしょう。その上で，適切な教育と，公正・公平・透明な評価，報償によって人材を育て，適材を適時，適所に配置することによって，組織の強化とプロセスの改善を推進するのです。

　情報部門は，様々な情報を処理し活用するとともに，各プロセスを有効かつ適切なデータベースでつないで，広域かつ緊密な連携を図らねばなりません。加えて，情報リスクマネジメントが大切な役割です。

　経理部門は，決算資料を作成することだけが仕事ではありません。プロセスの効率を計数的に監視・評価し，様々な形で経営改善を支援しなければなりません。京セラ㈱の「アメーバ経営」は，精緻な部門別採算管理で全員参加の自律的な計数管理を目指すものですが，会社更生法の適用を受けた日本航空㈱を短期間で再上場させる原動力となりました。

　製品・サービス，およびプロセスに含まれる知的財産を守り活用する知財部門の役割が重要です。知的財産で事業を守り（知的財産戦略），事業で利益を生み（事業戦略），利益で研究開発活動を行い，そして新たな知的財産を生み出す（研究開発戦略）という，三位一体経営による知的創造サイクルを実現するのです。また，公開された国内外の特許情報から，先端技術の動向や競合企業の動きを調査分析して，開発戦略に生かしたり，特許係争を未然に防止したりします。

以上のとおり，競争力のある製品・サービスの提供のためには，それに直接携わる主プロセスとその支援プロセスがシステム的に緊密な連関を持ってつながっていなければなりません。また，バリューチェーンにおける様々な創意工夫は，ワザやチエの練磨によるモノづくりを目的とするのみならず，その過程を通じて経営システムの根幹であるヒト（人材）づくりを指向していることにも留意すべきでしょう。

7 - 3　ポートフォリオ

　いかに優れた事業・製品・サービスにも寿命があります。したが

──→　事業・製品・サービスのライフサイクル
……→　資金の流れ

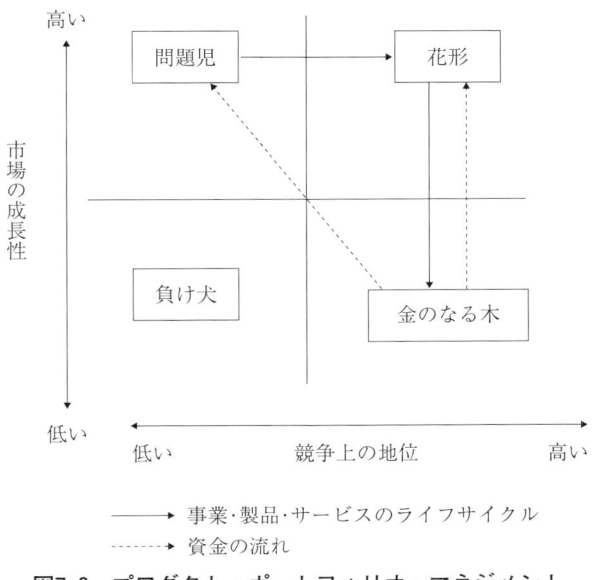

図7-3　プロダクト・ポートフォリオ・マネジメント
（座標軸のとり方を一部変更）

って，企業の継続と発展を期すためには，ライフサイクル（導入，成長，成熟，衰退）の様々な位置にある事業・製品・サービスのバランスある組み合わせ（ポートフォリオ）を持っておかねばなりません。図7-3「プロダクト・ポートフォリオ・マネジメント」は，ボストンコンサルティングが開発した事業・製品・サービスの組み合わせの管理手法であるポートフォリオ・マネジメント（PPM：Product Portfolio Management）の考え方を説明するものです（和田充夫『マーケティング戦略』有斐閣，1996年）。横軸は競争上の地位であり，縦軸が市場の成長性です。

事業・製品・サービスを4つの領域に分けてその特性を把握します。市場の成長性が低くて競争力が弱いのは"負け犬"であり，場合によっては，撤退の検討対象になります。市場の成長性が高いにもかかわらず自からの競争上の地位が低いのは"問題児"です。どちらも高いのは"花形"です。一方，市場の成長性は低いが，競争上の地位が高いのは"金のなる木"です。

一般に，事業・製品・サービスは，そのライフサイクルにおいて，これらの領域を図中の実線のように移動していきます。問題児は早く花形にしていかねばなりません。花形は市場の成熟と衰退に伴って，いずれ金のなる木になります。

一方，キャッシュの流れの面からいえば，問題児には育成のための資金をつぎ込まなければなりません。花形も市場が伸びていますので投資を継続しなければなりません。どちらも金食い虫です。ところが，金のなる木はシェアーは高いが市場の成長性が低いので，新たな投資をそれほど必要としません。売れば限界利益（売上高－変動費）に相当するキャッシュが残ります。したがって，図中の点

線のように，それが資金の供給元になって問題児を育て，花形の成長を支えるのです。

　このような関係は，ひとつの事業プロセスの川上と川下の間でも見られます。新製品を販売するフロービジネスを，その後のメンテナンス，消耗品の販売や，利用料などのストックビジネスが金のなる木となって支えるものです。たとえば，社会インフラの設置とその後のメンテナンス，プリンターの販売と消耗品であるインク，携帯電話機とその通信料や，不動産の取得と賃貸料などの関係です。これらは，成果の累積に伴って，安定したビジネスモデルとなり得るでしょう。

　PPMの教えるところは，ライフサイクルの様々な段階にある事業・製品・サービスをバランスよく持つことが大事であるということです。したがって，多くの会社ではひとつの経営指標として新事業・製品・サービスの比率を重視します。企業の将来性を見据えて，健全な赤字事業，すなわち問題児を持っておくということです。

　たとえば，三菱重工㈱は2012年4月より数多くの事業を成長段階に応じて，「幼年期」「壮年期」「熟年期」に分類し，収益・財務の健全性の区分と組み合せて，経営資源の配分に差をつける仕組みにしました（『日本経済新聞』2012年5月23日）。今後，育成すべきもの，収穫をあげていくもの，見切るべきものを選別していく事業ポートフォリオ戦略です。

　ただし，"選択と集中"が行き過ぎて，将来性のある事業の芽まで摘んでしまっては，元も子も失くしてしまうので注意が必要です。PPMは，事業・製品・サービスのライフサイクルという動態的なシステム思考の重要性を示唆したものといえるでしょう。

第8章 経営の業績

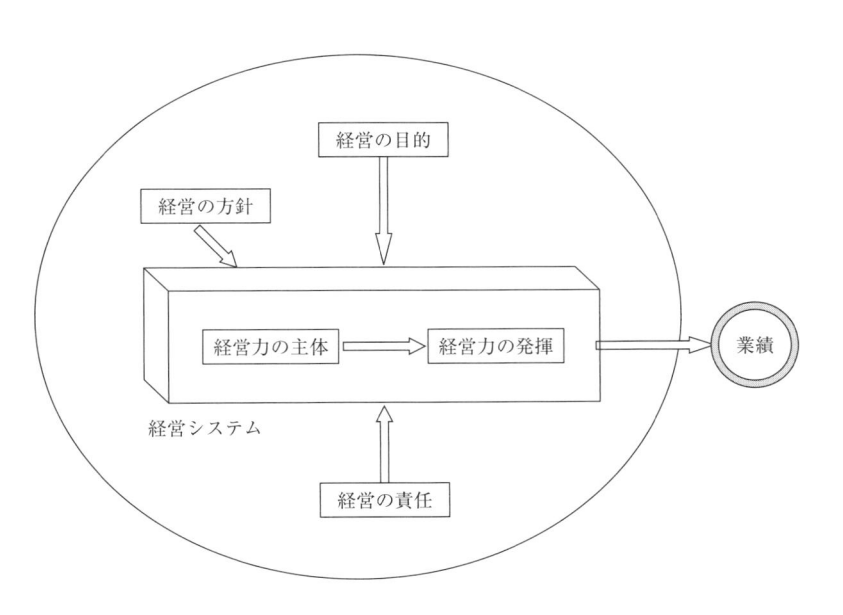

- 経営の目的
- 経営の方針
- 経営力の主体 → 経営力の発揮
- 経営システム
- 経営の責任
- 業績

業績は，経営力を発揮し，価値を顧客・社会に届けることによって生み出されます。業績には，第4章「経営の目的」で触れたように，経営的なものと財務的なものがあります。

　経営的な業績とは，ヒト，ワザ，チエに関るもので，直接的に計量化し難く，一般的に外部に公表されません。しかし，いずれは財務的な業績として表面化してくる重要な成果です。

　一方，財務的な業績は，カネ，モノや，一部の定量化されたチエに関るもので，財務諸表として数値化され，必要に応じて公表されます。財務諸表は互いに矛盾なくつながり合っており，それぞれの中身と関係性から，会社の財務状況を総合的に読み解くことができます。

　財務的な業績は，ステークホルダーに直接的，間接的に還元され，それぞれの満足につながります。これが適切に行われれば，優れた経営戦略と相まって，将来さらに大きな業績を生み出し，経営システムを成長，発展させていきます。

8 - 1　経営的な業績

　経営的な業績としては，人材が育っているか，知財を充実させているか，新事業・製品・サービスの開発やプロセスの革新が進んでいるか，ブランドや企業の信用が高まったかといったものがあります。その評価の方法としては，米国の経営品質賞であるマルコムボルドリッチ賞に倣った日本経営品質賞の審査基準が参考になります。同賞は，(財)日本生産性本部によって1995年に創設されました。その評価項目とポイントは，図8-1「日本経営品質賞アセスメント基準

のフレームワーク」に示すとおりです。

ここでは戦略、個人と組織、プロセスに関する業務システムと、それに方向性と推進力を与えるリーダーシップと社会的責任、および活動結果が評価（アセスメント）されます。また、それぞれに対して、企業インフラとしての情報のマネジメント、および企業文化としての顧客・市場の理解と対応といった基本姿勢が問われます。図中の各項目の数字は評価の重みづけで、合計1,000点のうち、活動結果に高い得点が与えられているのは当然として、リーダーシップや顧客価値創造のプロセス、および個人と組織の能力向上や顧客・市場の理解と対応に高い配点が与えられています。

また、経営目標の可視化と評価のためには、ハーバードビジネススクールで開発された業績評価システムのバランスト・スコアカー

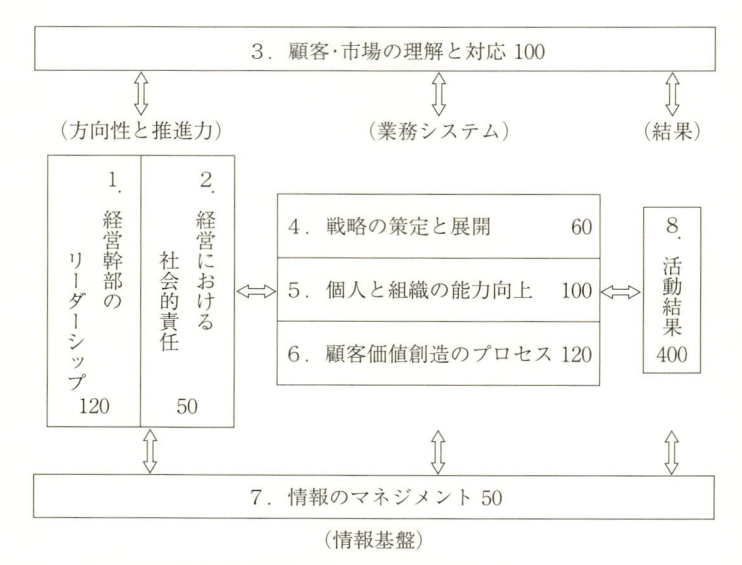

```
                3．顧客・市場の理解と対応 100
                        ⇕        ⇕        ⇕
     (方向性と推進力)      (業務システム)      (結果)

   ┌─────┬─────┐  ┌──────────────────┐  ┌─────┐
   │ 1.  │ 2.  │  │ 4．戦略の策定と展開    60 │  │ 8.  │
   │経営幹部│経営における│⇔ ├──────────────────┤⇔ │活動結果│
   │のリーダー│社会的責任 │  │ 5．個人と組織の能力向上 100│  │ 400 │
   │シップ  │     │  ├──────────────────┤  │     │
   │ 120  │ 50  │  │ 6．顧客価値創造のプロセス 120│  │     │
   └─────┴─────┘  └──────────────────┘  └─────┘
                        ⇕        ⇕        ⇕
                   7．情報のマネジメント 50
                         (情報基盤)
```

図8-1　日本経営品質賞アセスメント基準のフレームワーク

ド（BSC）が参考になります（キャプランら『戦略バランスト・スコアカード』東洋経済新報社，2001年）。株主に対して何を提示すべきかという財務の視点，顧客に対して何を提示すべきかという顧客の視点，どのようなプロセスに卓越すべきかという内部ビジネスプロセスの視点，およびどのように学習し，改善すべきかという学習と成長の視点で，組織および個人の目標を設定し，評価づけをするものです。

このような手段によって，経営計画を策定し，経営業績を評価します。そして，経営資源であるヒト，モノ，カネを最適に配分し，製品・サービスを市場，顧客に方向づけし，人の能力を向上させつつ，組織活動の仕組みを強化していくのです。

財務的な業績は，定量的・客観的に評価され，経営システムの有効性と効率性を計る上で大変重要であることに論を挟む余地はありません。しかし，それがゆえに，うっかりすると短期的な視点に陥りがちな欠点を持ちます。一方，経営的な業績においては，できるだけ評価を数値化する努力は行われますが，完全な定量的・客観的評価が困難です。そのため，ややもすると，成果の達成度を曖昧にする欠点があり，自己満足に陥る恐れもありますが，中長期的な目標をしっかりと捉えられるという利点があります。経営的な業績評価においては，時間的な変化の中でものごとを中長期的な視点から捉えるシステム思考が要請されるのです。

8－2　財務的な業績

財務的な業績は損益計算書 P/L（Profit and Loss statement），貸

借対照表 B/S (Balance Sheet), キャッシュフロー計算書 C/F (Cash Flow statement), 株主資本等変動計算書 S/S (Statement of Shareholders' equity) の4表で数値化されます。図8-2「経営システムの財務的業績」は，それらをごく単純化して一覧にしたものです。まず，それぞれの帳票を説明した上で，4表の関係性を考察します。

P/L

P/L は，一定の期間における売上，原価，および利益の状況を表しています。事業の大きさを表す売上と，収益状況を示す重要な帳票です。まず，売上から売上原価を差し引いて売上総利益が算出されます。そこから管理販売費を控除して営業利益がでます。営業利益は本業の収益性を示す重要な指標です。それから金融収支を加減算して，当期の業績としての経常利益が計算されます。当期純利益はそこから特別損益を加減算し，租税を控除して算出されます。

これらの絶対値，競合企業との比較，前年度からの変動，一人当たりの換算，および自己資本や使用総資本に対する比率など，様々な指標によって成長性や収益性に関わる業績が評価されます。その中で，株主から見た投資効率は，自己資本利益率（ROE）として計られます。

B/S

B/S は，ある時点における資産の運用の内訳と，その資金の調達である自己資本と負債の内訳です。右欄（貸し方）に負債，純資産を置き，左欄（借り方）に所有する流動資産（現金，売上債権，在庫など），および固定資産（土地，建物，設備，投融資など）を計

上します。当然ながら，左右のトータル（総資産）は同じ数字となります。

　調達においては，自己資本が充実しているか，他人資本（借入）とのバランスに問題がないかなどで安定性が判断されます。自己資本に対して，適度な借入や社債発行を行うことによって総資産を充実させると，事業が順調に伸びている時は梃子（てこ）の原理による効果（レバレッジ）を発揮できます。しかし，過大に借入や社債に頼っていると，一旦，事業が停滞や下降局面になった時には金利の支払いのみならず，返済や償還を迫られて資金繰りが急速に逼迫することとなります。一方，運用においては，売上金の回収に問題がないか，売上と比較して在庫が過大になっていないか，無駄に眠っている固定資産や投融資はないかなど，資産が有効適切に活用されているかどうかが確認されます。また，固定資産が安定した長期の調達資金で賄われているかどうかがチェックされます。

　B/Sはある時点における資産の状態を表していますので，一定期間前の数字との比較対照によってその間の経営努力が評価されます。その中で，資産全体の運用効率は，総資産利益率（ROA）で計られます。

C/F

　C/Fは，一定の期間における営業，投資，および財務活動によるキャッシュの直接的な増減を表した帳票です。本業の営業活動による営業キャッシュフロー（営業CF），投資活動による投資キャッシュフロー（投資CF），および財務活動による財務キャッシュフロー（財務CF）のそれぞれの動きと相互の関係に注意しなければな

りません。営業CFが大きくプラスとなり，それによって投資CFのマイナスと財務CFのマイナスをカバーできるのが理想です。収益性でもって，成長性を確保しつつ，借入を返済し株主に配当で報いている状態となっているからです。フリー・キャッシュフローとは，上記の営業CFと投資CFを総合した資金の増減です。将来得られるフリー・キャッシュフローを適切な利率（資本コスト）で現在価値に換算するDCF（キャッシュフローの割引現在価値）によって企業価値を計算できます。企業価値は株価形成の重要な指標となります。

「利益は意見であり，キャッシュは事実である」とも表現されます。売上や利益には，認識や判断による恣意性が入り込むリスクがあります。しかし，キャッシュの現実は動かせません。それだけに，事実としてのキャッシュフローに注意を払わなければなりません。利益が出ているにも関らず，キャッシュが現実に増えていないということであれば，意図的な成長路線をとっているのではない限り，何かに問題がある可能性を考えなければなりません。「勘定合って銭足らず」で，極端な場合は，黒字倒産ということもあり得るのです。

筆者もかつて苦い経験をしました。海外の生産拠点で不慣れな社員と未熟な生産システムで在庫金額を膨らませ，大失敗をしました。契約外の追加工事が発生し，その責任の所在と金額で世界に冠たるデベロッパーと大変厳しい折衝をしましたが，容易には合意できずに債権回収で苦労をし，関係者に大変な心配と迷惑を掛けました。キャッシュの大切さについて，理屈ではなく，骨の髄からの理解が足りなかったと反省しています。厳しい国際ビジネスにおいて，得難い経験をいたしました。

S/S

　S/Sは当期中の当期利益や資本政策，ならびに評価・換算差額による純資産，いわば株主の持ち分の動きを表したものです。ここで見るべき主要なポイントは，純資産の増減と，それに対して株主にどれほどの配当でもって報いているかという経営の姿勢です。

　配当は配当性向（当期純利益に対する配当支払額の割合）や，自己資本に対する配当率（DOE），これまでの配当額，および今後の利益見込みを総合的に勘案して決定されますが，株主に対してしっかりと説明責任（アカウンタビリティ）を果すことが大切です。

　一般に，わが国の企業では低い配当性向で安定的な配当が志向されますが，欧米企業においては高い配当性向で業績に連動させる傾向があります。反対に，売上が急速に伸び，旺盛な投資が行われる企業においては，好業績にも関らず無配とし，その間，株主には株価の上昇で報いることもあります。株価時価総額世界一となったアップルは，2012年度にようやく16年ぶりの配当を行ったのです。

　株価の評価に関する重要な指標として株価収益率（PER）と株価純資産倍率（PBR）があります。PERは当期純利益に対して株式が何倍で売買されているか，PBRは純資産に対して株式時価総額が何倍になっているかを表します。全般の景気の状況や株式市場の動向によっても左右されますが，会社の将来性や株価上昇に対する期待感が大きいほどこれらは大きくなります。

4表の関係性

　次に，図8-2「経営システムの財務的業績」の矢印によって，これら4表の関係性について説明します。

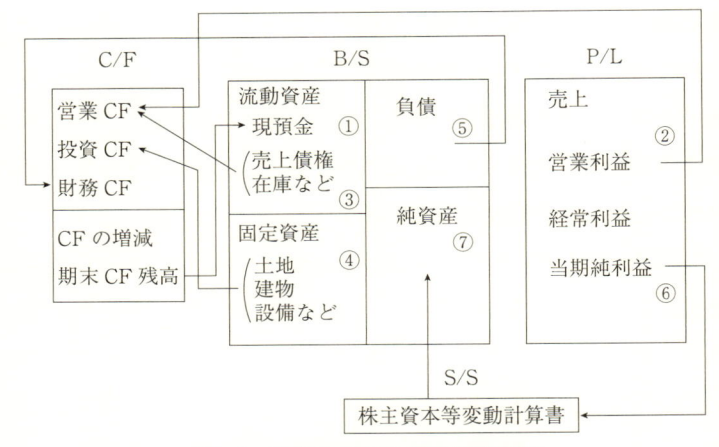

```
        ┌─────────────────────────────────────────────┐
        │  C/F          B/S              P/L          │
        │ ┌──────┐ ┌───────────┬─────┐ ┌──────────┐  │
        │ │営業CF◄─┤流動資産   │負債 │ │売上       │  │
        │ │投資CF◄─┤→現預金 ①  │     │②         │  │
        │ │財務CF │ │売上債権   │ ⑤   │ │営業利益  ◄┤  │
        │ │      │ │在庫など ③ │     │ │経常利益   │  │
        │ │CFの増減│ │固定資産   ├─────┤ │当期純利益◄┤  │
        │ │期末CF残高│ │土地     │純資産│ │          │  │
        │ │      │ │建物    ④ │ ⑦   │ │        ⑥ │  │
        │ └──────┘ │設備など   │     │ └──────────┘  │
        │          └───────────┴──┬──┘                │
        │                   S/S   │                   │
        │              ┌──────────┴──────────┐        │
        │              │株主資本等変動計算書 │◄───────┘
        │              └─────────────────────┘
```

図8-2　経営システムの財務的業績

　キャッシュフローは営業や投資活動でいくらのキャッシュが出入りしたか，財務活動でいくら増減したか，そして合計してのキャッシュの増減はどうであったのかを示し，前期末との加減算で当期末のキャッシュが算出されます。この数字はB/Sの①現預金の数字になります。

　営業CFには，P/Lにおける②営業利益に減価償却費が加えられます。また，B/Sにおける③売上債権や在庫などの増・減によって，営業CFは逆に減・増します。余分に売上債権を膨らませたり，不要な在庫を抱えたりすると営業CFは減ります。反対にこれらを経営努力によってスリム化すると，営業CFはその分だけ増えます。

　投資CFは，④固定資産を取得しますとマイナスとなります。一方，固定資産の価値の減耗分である減価償却費は営業CFに含まれていますので，その額との対比で投資の積極性が測られます。財務CFにおいては，借入を返済すればマイナスとなり，増やせばプラ

スになります。B/Sの右側の⑤負債の増減とつながっているのです。

P/Lのボトムライン（最終行）である⑥当期純利益は、その他の資本政策（増資や新株予約権など）や評価・換算差額とともに株主資本等変動計算書S/Sに加えられて、当期の純資産合計が算出され、B/Sの右欄の⑦純資産となるのです。

このようにして、財務の4表は矛盾なく算出され、総合されることによって、当期間の業績および当期末の財務の姿が明らかにされます。経理のシステム化とは、単なるIT化を意味するのではなく、このような4表の関係性を統合するための仕組みづくりといえるでしょう。

財務諸表は、会社法、金融商品取引法や税法などで義務づけられているから算出されるのではありませんし、経営の過去から現在までの業績を明らかにするためだけに多くの手間が掛けられるのでもありません。経営システムの動的な変動を確認して、将来のよりよい経営の方向を探索し、それに向けて前進するための羅針盤として活用されるのです。

筆者は技術の研究者生活からビジネスの世界に、いわば中途入社しました。事業に関る技術開発に携わるとともに、ビジネスマンとしての基礎的な素養を身につけるべく経理の勉強もしました。最初に取り組んだのが年間の売上、原価、利益や資金の流れ（フロー）と資産（ストック）の増減をつなぎ合わせて自己流の流れ図に描くことでした。今から思えば、P/L、B/S、C/Fの関係性を具体的な数字を使って確認する作業に他なりませんでした。この計数訓練は、その後に経営陣の一員に加えられた時に大いに役立ちました。

8-3 業績とステークホルダー

　第2章2節「経営システムとシステム思考」、および第4章2節「ミッションの源泉と相互関連」で述べたように、業績はステークホルダーに還元（フィードバック）されます。図8-3「収益・利益のステークホルダーへの還元」に、P/Lの収益・利益がどのようにしてステークホルダーに還元されるのかを示しています。

　P/Lには、まず売上があります。ステークホルダーとしての顧客・社会はこれとどのように関わっているのでしょうか。顧客・社会はたとえば価格100円の製品・サービスに対して、自らはそれを上回る価値、たとえば120円を認めるから買います。顧客・社会は価格の支払いでもって価値を買っているのです。したがって、図8-3の左端に示すように、価値が価格を上回っている20円分を集計したものが顧客・社会への還元といえるでしょう。

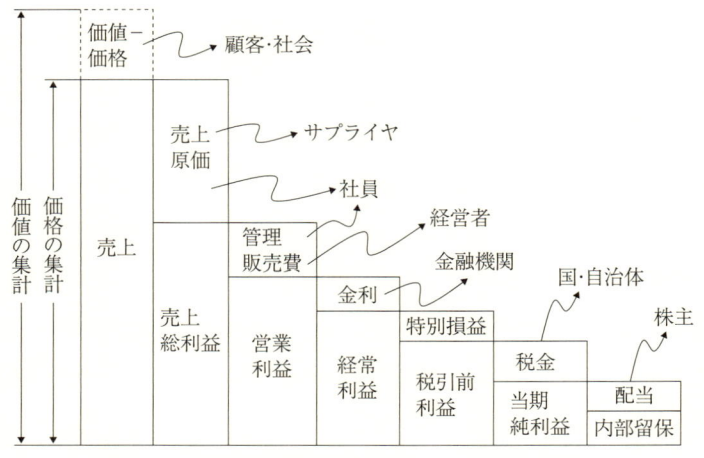

図8-3　収益・利益のステークホルダーへの還元

販売される製品・サービスにかかる売上原価とは，材料・部品・製品の供給者であるサプライヤへの支払い，加工組立や物流の仕事に携わる社員の賃金，および設備の減価償却などの費用や経費です。価格の集計である売上から上記の売上原価の集計を差し引いた売上総利益から，経営者への報酬や管理・販売にあたる社員への賃金が支払われます。さらに様々な経費を引いた残余が，本業に関る営業利益です。このような売上から営業利益が算出されるまでのすべての費用の合計，すなわち売上原価と管理販売費の合計は総原価，あるいは単に原価と呼ばれます。

　ここで，"価値"，"価格"，および"原価"の関係をもう一度整理し直しましょう。価値は顧客・社会が受け取るもので，価格はその対価です。そして原価とは，仕入れ，生産，販売，および管理に要する費用です。当然のことながら，価値＞価格＞原価が経営としての健全な姿です。価格を価値の近傍にまで高めますと，1個当たりの儲けは増やすことができますが販売量は低下します。一方，価格を原価に近づけますと，販売量は増えますが1個当たりの儲けは少なくなります。見方を変えて，価格に対して価値が大きく上回っていれば，それだけ顧客・社会への還元が大きいことを意味します。一方，価格に対して原価が大きく下回っていれば，それだけ経営が効率よく機能していることを意味します。

　さて，営業利益からは，金利がステークホルダーとしての金融機関に支払われます。それを差し引きしたものが経常利益です。また，そこから特別損益が控除されて税引き前利益が算出されます。そして，税金がステークホルダーである国・自治体に納付され，ボトムラインである当期純利益が生み出されます。当期純利益は配当とし

て株主に対して配分され、残余が経営資源の充実のために内部留保されるのです。

このようにして、様々なレベルの利益が、図4-1「ミッションの源泉と相互関連」で示したように、様々なステークホルダーに還元されていきます。それらの収益がステークホルダーの誰に、どのような形で、どれほど貢献しているのかを見ることによって、経営力の主体としての会社や社員は強い使命感を持つことができ、やりがいを感じることができます。それが、さらに大きな成果を生み出す原動力になっていくのではないでしょうか。

また、様々な利益と利益率を考察することによって、経営の問題点や改善点を明らかにすることができます。たとえば、売上総利益が過小な場合は、顧客への魅力づけのための製品・サービスの価値競争力（価値／価格）の作り直し、あるいはサプライヤとの協働による価格競争力（価格／原価）の強化が迫られるでしょう。売上総利益と営業利益の差である管理販売費が大き過ぎる場合は、組織内部の管理費や営業活動費にスリム化の余地があることを示しています。金融機関からの借入に対する返済利率が、総資産に対する営業利益率を一定期間の平均において下回らねば、借入れをしてまで事業を拡大する意味がありません。一方、株価時価総額に対する配当金の比率が大きければ大きいほど株主の満足度は増大しますが、それは他方で株価が低すぎることを意味しており、投資家に対する広報（IR）に問題なしとはいえません。

このように、業績としての収益・利益のステークホルダーへの還元と貢献を見ることによって、ステークホルダーとの関係性における課題を明らかにし、それらを改善することができます。そして、

ステークホルダー全体から支持されるバランスの取れた経営システムを構築することができるのです。

第9章 まとめ

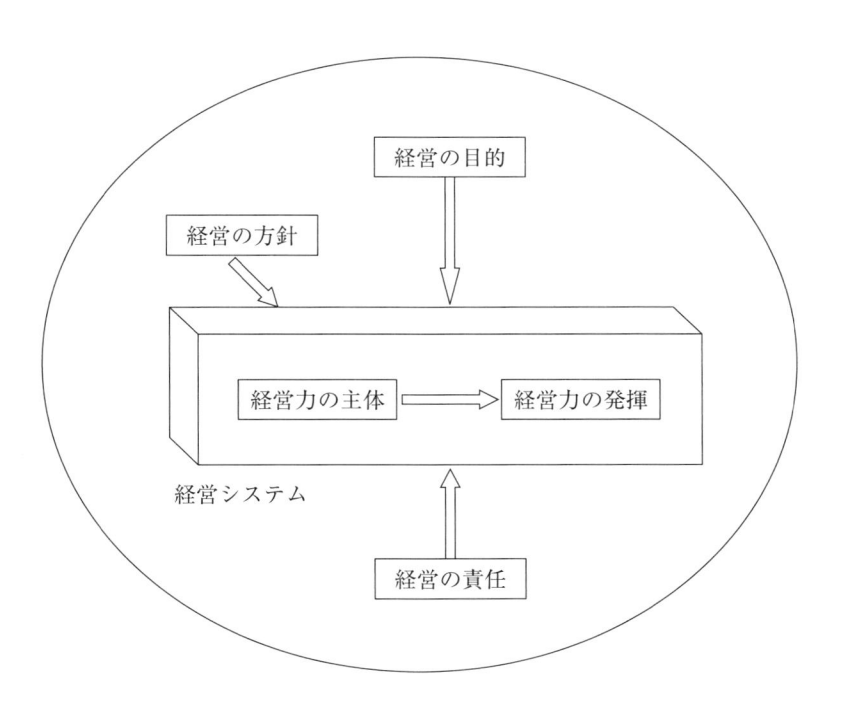

```
          経営の目的
              ↓
  経営の方針
      ↘
   ┌─────────────────────────────┐
   │ 経営力の主体 ⟹ 経営力の発揮 │
   └─────────────────────────────┘
              ↑
経営システム   経営の責任
```

🏛 経営システム

　経営システムとは,「会社という経営力の主体が, 企業としての目的を達成するために, 法人としての責任を果しながら, 様々な環境に適応する経営の方針によって, 事業としての経営力を発揮して業績を生み出すもの」との命題の下で, 実践経営の勘所を説明してきました。

　会社における経営力の主体とは, ヒト, モノ, カネといった経営資源の有機的なつながりです。中でも, ヒト（人材）や組織と, それらを束ねるリーダーシップの間の相互作用, および組織内で行われるヒトとヒトの相互作用が, 経営力を決定づけます。戦略に応じて, 組織構造を臨機応変に構築し, 人材を育成して適材を適所, 適時に配置して, 組織を機能させていかねばなりません。また, 活力あふれる組織風土を醸成するためには, 優れたリーダーシップの発揮が期待されます。

　企業としての目的はミッション, 理念や綱領といった形で確認され, ビジョンとして描かれて会社の内外に明確な形で示されなければなりません。ミッションに掲げられた高い志やビジョンに込められた熱い想いは, 社員をはじめ, 様々なステークホルダーに受け入れられ, よき理解と支持を得ることによって達成されていきます。様々なミッションは, 相互に原因となり結果となってつながり合っています。いずれも手を抜くことなく, バランスよく追求していかねばならないでしょう。

　目的の追求のためには, 社会システムにおける基本的なルールや, ステークホルダーとの見えざる約束に基づいた法人としての責任を果さなければなりません。経営の目的と責任は相互に補完し合って

います。責任のない目的追求は許されません。トップ自らがその公的な立場をしっかりと自覚するとともに、トップが先頭に立ったよき企業風土づくりを進めなければなりません。その上で、責任遂行のための分かり易い仕組みづくり、および適切なモニターのあり方による経営責任のシステムを構築していかねばならないでしょう。それによって、自己責任、説明責任、および追跡可能性を確立していくのです。

経営の方針は、変動する経営環境の下で経営戦略として立案されます。世界の政治・経済・社会の状況は年々歳々、時々刻々と変動しています。そのような中、日常の業務に埋没して大きな流れを見失ってはなりません。戦略を環境との相対において動的に捉え、自らの立ち位置を確認の上、どのようにして経営力を発揮するのかを中長期的視点から考察していかねばならないでしょう。グローバル思考に基づき、人々の価値観の変化を捉えた戦略を、危機感・スピード感を持って展開していかねばなりません。

事業としての経営力の発揮においては、受注から納品までの様々なプロセスの価値連鎖（バリューチェーン）と、それらを全社的に貫いた形のマーケティングとイノベーションによって、事業・製品・サービスを差別化し、競争力を強化しなければなりません。魅力的なコンセプトによる新しい価値を顧客・社会に提案するとともに、プロセスにおける様々な工夫によって付加価値を提供していくのです。また、事業・製品・サービスのポートフォリオのあり方と、その選択と集中のあり方は、中長期的な視点に立って考察していかねばならないでしょう。

付加価値から得られた業績は、ステークホルダーに対して還元（フ

ィードバック）されるとともに，事業のさらなる拡大・強化のために再投資されたり将来に備えて蓄積されたりします。このようなフィードバックの輪廻を効果的に回して，企業の存続可能性（ゴーイング・コンサーン）を確立し経営システムを成長，発展させていかねばなりません。なお，業績を確認・評価するプロセスは，経営システムの課題とその解決の方向性を明らかにします。また，それを社員をはじめステークホルダーで共有することによって，経営システムはより活力あるものになるでしょう。業績は，単に経営の結果を見るためだけのものではないのです。

　以上のとおり，企業とは，「会社」，「企業」，「法人」，「経営」，「事業」からなる基本構造と機能を持ち，外部の経営環境とステークホルダーに対して開かれた経済・社会的なシステムです。その関係性をしっかりと意識しながら経営にあたらねばなりません。また，その中で行われる様々な事柄においては，全体的，本質的，そして動的なシステム思考に基づいて考察し，実践していくことが大切となるのではないでしょうか。

経営システムからの問いかけ

　私たちは常々，企業は「どのようにして収益と利益を上げるのか」，経営システムは「どのようにして機能させるのか」という問いに対して，その答えを模索しています。しかし，それだけに終始すれば，経営の目線が下がってしまいます。

　私たちは，企業は「なぜ，何（誰）のために収益と利益を上げるのか」，経営システムを「なぜ，何（誰）のために機能させるのか」という問いに対する答えも用意しておかねばなりません。また，同

時に、それを「どのような姿勢で行うのか」ということも極めて大きな課題です。

図9-1「経営システムからの問いかけ」に示すように、"どのようにして"とは、経営環境に応じて設定された経営戦略の下、構築された経営力の主体とそれによる経営力の発揮に関る方策です。"なぜ"、"何のために"とは当然のことながら経営の目的です。そして、"どのような姿勢で"とは、様々なステークホルダーに対する経営の責任です。

企業経営の実践においては、目の前の"どのようにして"という方策に力が入ります。とりわけ、経営力の発揮に目が行きます。さらにいえば、その中の日々のものづくりの成果や営業の成績に意識が行きます。これらは企業業績に直結するだけに、決して疎かにはできません。しかし、その結果、中長期の経営課題を後回しにしてしまったり、企業経営の本質を見失ったりしてはなりません。

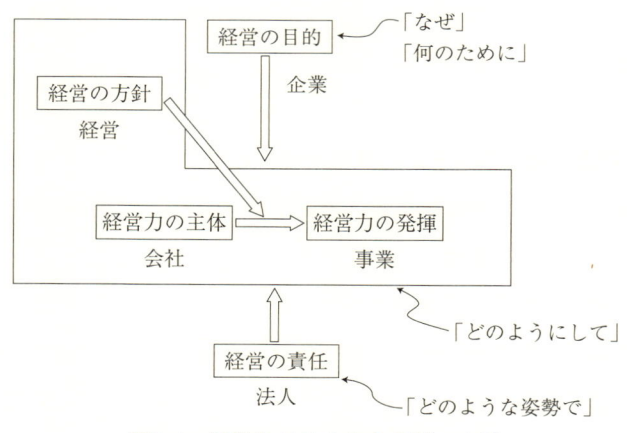

図9-1　経営システムからの問いかけ

経営環境にふさわしくない旧態依然たる経営の方針に固執してしまったり，経営の力である人材の育成や組織の強化に手を抜いてしまったりすることはないでしょうか。当初は自明の理であったはずの"なぜ"，"何のために"という起業の想いや，企業の目的を馴れに任せて忘却して方向違いに走るといったことはないでしょうか。うっかりして，"どのような姿勢で"という経営の責任を軽視して，ほぞをかむといったケースはないでしょうか。

　私たちは多忙に紛れてしばしば全体の経営システムから見ると，そのサブシステムの，そのまたサブシステムのところに関心が行ってしまって，経営システムの全体像を見失ったり根本の原理原則を置き去りにしてしまったりします。このような落とし穴にはまらないように，時には1歩下がって事業プロセス全体のつながりを見渡してみる。2歩下がって"どのようにして"という方策の全体を考える。3歩下がって，"なぜ"，"何のために"という起業と企業の原点に立ち返って様々なステークホルダーとの関係性を見つめなおす。そして，4歩下がって，"どのような姿勢で"責任を果すのかを確認することが大切でしょう。

よりよい社会システムの構築を目指して

　企業以外の社会的な組織体においても，同様の反省が必要と思われるケースがあります。

　今，家庭の崩壊や子供の虐待が問題になっています。学校におけるいじめ問題も深刻です。育児や教育の難しさゆえに"どのようにして"に心を奪われ，"なぜ"，"何のために"家庭を持ったのか，子供を育てているのかという根本のところを忘れ去ってはいないで

しょうか。"どのような姿勢で"子供の人権を守り，教育の責任を果すべきかを置き去りにしてはいないでしょうか。

公社・公団や財団・社団法人においては，厳しい財政状況に陥っているところがあります。政府や独立行政法人から補助金が投入されたり，免税の特典を受けたりしていますが，遅々として経営の自立が進んでいない事例が散見されます。"どのようにして"予算に対し実績を合わせていくのかに明け暮れて，"なぜ"，"何のために"公益事業をしているのか，そしてその成果が出ているのか，受益者に対して，"どのような姿勢で"その務めを果すべきかを見落としていないでしょうか。

政治・行政が漂流しているように見えます。"どのようにして"選挙に勝つのかは手段であって目的ではないはずです。それは分かっていても，時として"なぜ"，"何のために"という大局を見失って政局に走り，"どのような姿勢で"というところで失態を見せて，国民の信を失うといったことはないでしょうか。

マスメディアにおいては，"なぜ"，"何のために"という根本の使命を忘れ，"どのようにして"視聴率を上げるか，売上を増やすのかに目的がすり替わり，"どのような姿勢で"を勝手に解釈して，興味本位の大衆迎合に陥っているといったことはないでしょうか。

様々な経済・社会的組織体は互いにオープンにつながり合っています。それぞれが自らの役割を適切に果すとともに，相互の比較考察によってその実践経営のあり方を学び合い，よりよい社会システムを構築していかねばなりません。

参 考 文 献

アンゾフ『戦略経営の実践原理』ダイヤモンド社，1994年
稲盛和夫『心を高める，経営を伸ばす』PHP文庫，1996年
岩本俊幸『販促手法の基本』日本実業出版社，2011年
大久保寛司『経営の質を高める８つの基準―日本経営品質賞のねらい』かんき出版，2005年
キャプランら『戦略バランスト・スコアカード』東洋経済新報社，2001年
国定克則『超図解『財務３表のつながり』で見えてくる会計の勘所』ダイヤモンド，2007年
クリステンセン『イノベーションのジレンマ』翔泳社，2000年
コトラーら『マーケティング原理』ダイヤモンド社，1995年
ゴビンダラジャンら『リバース・イノベーション』ダイヤモンド社，2012年
小宮山宏『「課題先進国」日本―キャッチアップからフロントランナーへ』中央公論新社，2007年
スターマン『システム思考』東洋経済新報社，2009年
チェスブロウ『OPEN INNOVATION』産業能率大学出版部，2004年
チャンドラー『経営戦略と組織』実業之日本社，1967年
ドラッカー『マネジメント』日経BP社，2008年
バーニー『企業戦略論―競争優位の構築と持続』ダイヤモンド社，2003年
日置弘一郎ら『日本型MOT』中央経済社，2004年
ポーター『競争優位の戦略』ダイヤモンド社，1985年
ポーター『競争の戦略』ダイヤモンド社，1982年
松久寛『縮小社会への道』日刊工業新聞社，2012年
三菱総合研究所『標準MOTガイド』日経BP社，2006年
横沢利昌『老舗企業の研究』生産性出版，2000年
和田充夫ら『マーケティング戦略』有斐閣アルマ，1996年

索　引

あ　行

IR　27, 132
ISO-9000　72
ISO-26000　72
ICT　109, 113
アウトソーシング　103
アカウンタビリティ　64
アントレプレナー　21
アンドン　112
意思決定　35
位置取り　91, 103
イノベーション　27, 97, 101, 138
イノベーションのジレンマ
　　102
EPA　82, 89
意味的価値　54, 100
インサイダー取引　71
インターナルコントロール　69
売上　124, 131
売上原価　131
売上債権　124, 128
売上総利益　124, 132
営業キャッシュフロー　125
営業利益　124, 131
S/S　127
FTA　82, 89
M＆A　86
MOT　99
MBA　100
エンパワーメント　43
応用開発　98
オープンイノベーション　101

か　行

会計監査人　67
会社　20, 31, 137
会社法　70, 129
開発・設計　111
価格競争力　132
加工組立　112
価値　28, 130
価値分析　111
価値連鎖　27, 138
カネ　23, 33
ガバナンス　26, 61, 67
株価収益率（PER）　127
株価純資産倍率（PBR）　127
株式時価総額　127
株主　20, 49, 127, 132
株主資本等変動計算書　124
株主総会　63
借入　33, 125
環境保全　54
監査役　63
監督機関　63
カンバン　112
管理販売費　124, 132
機会損失　104
起業　21
企業　9, 21, 137
企業インフラ　122

企業会計　　70
企業価値　　126
企業統治　　25, 61, 67
企業買収　　86
企業風土　　64, 70
企業文化　　122
企業倫理　　70
技術経営　　99
規制緩和　　89
基礎研究　　98
機能的価値　　54, 100
機能別ライン　　37
キャッシュフロー　　33, 126
キャッシュフロー計算書　　124
QCサークル　　41, 109
QCD　　111
供給連鎖　　86, 112
業績　　22, 28, 121, 130, 138
競争力　　54, 83, 110
金融　　80
金融機関　　56, 131
金融収支　　124
金融商品取引法　　70, 129
黒字倒産　　126
グローバル思考　　92
経営　　22, 139
経営環境　　21, 77, 83, 92, 138
経営計画　　123
経営資源　　19, 23, 32, 137
経営システム　　15, 19, 22, 137
経営者　　21
経営戦略　　26, 77, 90, 91, 138
経営的な業績　　49, 121
経営の責任　　22, 25, 61, 64, 140
経営の方針　　22, 26, 77, 138

経営の目的　　24, 49, 140
経営目標　　49
経営理念　　53
経営力の主体　　19, 22
経営力を発揮　　22
経営力　　26, 97, 137
経常収支　　80
経常利益　　124, 131
計数管理　　114
経費　　131
経理　　129
限界利益　　116
減価償却費　　128
現金　　124
ゴーイング・コンサーン　　31, 139
構造改革　　34
工程間仕掛り　　112
行動指針　　62
広報　　104
綱領　　24, 137
顧客価値創造　　122
顧客情報　　111
顧客満足　　25, 56
国際貢献　　54, 56
コスト　　97, 105, 112
固定資産　　125
コーポレーション　　21
コミットメント　　42, 62
コンカレントエンジニアリング　　109
コンセプト　　97, 105, 138
コンプライアンス　　25, 61, 71

さ 行

在庫　104, 124
再生可能エネルギー　87
財政投融資　79
財務キャッシュフロー　125
財務諸表　121, 129
財務的な業績　49, 121
採用　114
サプライチェーン　86
サプライヤ　57, 111, 132
差別化　77
三位一体経営　114
CSR　25, 61, 66, 72
C/F　125
支援活動　27, 113
事業継続計画　69, 108
事業　22, 27, 97, 138
資金　20, 126
資金繰り　125
資金の調達　124
自己実現　42
自己資本　125
自己資本利益率（ROE）　124
自己責任　62
資材調達　111
資産　125
資産運用　124
市場経済　80
市場細分化　103
市場セグメント　103
市場探索　106
市場ポジショニング　103
システム　9
システム思考　12, 139

持続可能性　87
執行機関　63
GDP　89
死の谷　101
資本コスト　126
社員　56, 137
社会インフラ　56, 113
社外監査役　67
社会貢献　54, 56
社会システム　10
社会的責任　25, 61, 66
社会的なシステム　139
社外取締役　63, 67
社会満足　25, 56
社債　33, 125
ジャストインタイム（JIT）　112
収益性　124
主活動　27, 107
需給ギャップ　79
縮小指向　87
受注　110
償還　125
少子高齢化　83
情報開示　63, 66
情報管理　69
情報の非対称　105
情報武装化　113
情報リスク　69
職位　34
職責　34
所得収支　80
新株予約権　129
人件費　24
人材　20, 24, 32, 38, 114

人事　114
ステークホルダー　20, 24, 67, 130, 137
ストックビジネス　117
スパン・オブ・コントロール　38
スマートシティ　87
生産管理　112
生産技術　112
製造　112
製造物責任　113
生存可能性　87
成長性　116, 124
成長戦略　92
税引き前利益　131
製品概念　99
製品化・事業化　98
製品・サービス　97, 110
税法　129
設計審査　111
説明責任（アカウンタビリティ）　62, 127
セル生産　112
選択と集中　117, 138
戦略　22, 26, 138
総原価　131
相互作用　13, 23, 137
総資産利益率（ROA）　125
増資　129
組織　20, 24, 31, 44, 137
組織再編　35
組織風土　31, 40, 137
組織目的　40
損益計算書　123

た　行

貸借対照表　123
ダイバーシティ　43, 84
第6次産業化　90
ターゲット・マーケティング　103
他人資本　125
チエ　23, 33
地球温暖化　67, 80
地政学的リスク　85
知的財産権　114
知的創造サイクル　114
陳腐化　104
追跡可能性　62
DOE　127
TQC　109
DCF　126
TPP　82, 89
デザイン　104
デザインレビュー　111
手順　62, 97
デスバレー　101
デフレ　79
当期純利益　124, 129, 132
動機付け　24
投資　23, 33
投資キャッシュフロー　125
投資効率　124
投融資　125
特別損益　124, 131
トータルクオリティコントロール　109
トップ　34
ドメイン　77

取締役会　63
トレーサビリティ　64

な　行

内部統制　25, 61, 69
内部統制報告書　70
ニッチ　90
日本経営品質賞　121

は　行

バイアス　68
配当　127
配当性向　127
ハインリッヒの法則　63
破壊的なイノベーション　102
バランスト・スコアカード（BSC）　122
バリューチェーン　106, 113, 138
販売促進　104
販売ネットワーク　111
PR　27, 104
B/S　124, 128
P/L　124, 128
東日本大震災　81
ビジネスプロセス・リエンジニアリング　109
ビジネスモデル　100
BCP　69, 108
PDCA　63
ヒト　23, 33
BPR　109, 115
PPM　116
評価・換算差額　127
標準化　111

品質マネジメントシステム　72
品質　97
フィロソフィ　24
付加価値　33, 138
負債　124
物流　112
部門別採算管理　114
ブランド　104
フリー・キャッシュフロー　126
プロジェクト　37
プロセス　77, 97, 110, 138
プロダクト・ポートフォリオ・マネジメント　116
フロービジネス　117
粉飾決算　71
返済　125
返済利率　132
ベンチマーク　114
貿易収支　80
報酬　131
報償　114
法人　21, 25, 137
法人税率　82
法令順守　25, 61, 71
ポジショニング　91
保守　113
ポートフォリオ　116
ボトルネック　108

ま　行

マーケティング　27, 97, 138
マーケティングミックス4P　103
マザー工場　86

マスメディア　104, 142
マトリックス　38
マニュアル　63
マネジメント　22
マーフィの法則　63
見える化　112
ミッション　49
ミドル　35
メンテナンス　113
モジュール　111
モチベーション　40
モニター　62
モノ　23, 33

ら　行

ライフサイクル　116
利益　126
利害関係者　20
リスク　68
リスクテイク　101
リスクマネジメント　25, 61, 68
リソース・ベースト・ビュー　90
リーダーシップ　20, 31, 44, 137
リターン　68
リードタイム　97
理念　24, 137
リバース・イノベーション　87
流通　104
流動資産　124
レアアース　81
レアメタル　81
レスポンシビリティ　64
レバレッジ　125
ロワー　35

わ　行

ワザ　23, 33
ワンマンワンボス　38

著者紹介

大谷　謙治（おおたに　けんじ）

1973年　京都大学大学院博士課程修了　工学博士
1974年　フジテック株式会社入社
1981年　副社長
1985年～1988年　フジテック・アメリカ社長
1998年　フジテック株式会社社長
2002年　会長
2009年　相談役
2011年～　顧問
2009年～　大阪経済大学・大学院非常勤講師（実践経営論）

著　　書　『企業経営実践ノート』（第一法規）2009年
　　　　　『もっと，もっと，仕事の話をしよう』（東京図書出版会）2010年
　　　　　『アインシュタインに学ぶ経営学』（文芸社）2011年

システム的に考察する実践経営の「勘所」

2013年2月20日　第1版第1刷発行

著　者　　大谷　謙治

発行者　田中　千津子　　〒153-0064　東京都目黒区下目黒3-6-1
　　　　　　　　　　　　電話　03（3715）1501 ㈹
発行所　株式会社 学文社　FAX　03（3715）2012
　　　　　　　　　　　　http://www.gakubunsha.com

© Otani Kenji 2013　　　　　　　印刷所　新灯印刷
乱丁・落丁の場合は本社でお取替えします。
定価は売上カード，カバーに表示。

ISBN978-4-7620-2347-7